El Guardián

EL GUARDIÁN DE ISRAEL

Salmo 121

C. H. Spurgeon

Editor Eliseo Vila

COLECCIÓN SALMOS

El Tesoro de David

EDITORIAL CLIE
C/ Ferrocarril, 8
08232 VILADECAVALLS
(Barcelona) ESPAÑA
E-mail: clie@clie.es
http://www.clie.es

EL GUARDIÁN
ISBN: 978-84-16845-72-9
Depósito legal: B 17854-2017
VIDA CRISTIANA
Crecimiento espiritual
Referencia: 225046

SALMO 121

Reina Valera Revisada (RVR)

Jehová es tu guardador
Cántico gradual.

121 Alzo mis ojos a los montes;
¿De dónde vendrá mi socorro?

2 Mi socorro viene de Jehová,
Que hizo los cielos y la tierra.

3 No dejará que tu pie titubee,
Ni se dormirá el que te guarda.

4 He aquí, no dormirá ni se adormecerá
El que guarda a Israel.

5 Jehová es tu guardián;
Jehová es tu sombra a tu mano derecha.

6 El sol no te hará daño de día,
Ni la luna, de noche.

7 Jehová te guardará de todo mal;
Él guardará tu alma.

8 Jehová guardará tu salida y tu entrada
Desde ahora y para siempre.

1

Título: No lleva otro título que el de *"Cántico gradual"*.[1]
Se avanza varios pasos al salmo que le precede, puesto

---

[1] Como ya se explica ampliamente en el salmo anterior (Salmo 120), el significado del título hebreo "Cántico Gradual" o "Cántico de Ascenso Gradual" es confuso. Algunos (como es el caso de Spurgeon y Edersheim) piensan que lo "gradual" tiene que ver con el contenido ideológico del salmo. Otros opinan que se trata de una simple notación musical con respecto al tono o volumen del cántico. Hay quienes, basándose en la *Mishná,* creen que se cantaban en los quince escalones o gradas que subían al templo. JOSÉ Mª MARTÍNEZ [1924-2016] en "Salmos Escogidos" dice lo siguiente: «Este es el segundo de un grupo de salmos (120-134) que llevan el título de *"cánticos graduales"*. Es posible que constituyeran originalmente un pequeño himnario que acabó siendo incorporado al salterio. El significado del título es incierto. Según una tradición judía, recibieron el nombre de "graduales" porque correspondían a cada una de las quince gradas que se debían subir para acceder del atrio de las mujeres al de los hombres en el recinto del templo. Otra explicación se basa en el significado literal de שִׁיר לַמַּעֲלוֹת *šîr la·ma'ă·lōwṯ* "cántico de subidas"; y se referiría a los judíos que subieron a Jerusalén al final del cautiverio babilónico (Esdras 7:7; 8:1). Una tercera explicación es que el título se refiere a la estructura de estos salmos, pues en ellos se observa una gradación: el ejemplo más claro es el del salmo que estamos considerando. Sin embargo, esta característica no es común a todas las composiciones del grupo. La opinión más generalizada entre los comentaristas es que esta colección de

que habla de la paz de la casa de Dios y del cuidado del
Señor como guardián, en tanto que el anterior, el Salmo
120, se lamenta de la ausencia de paz en la morada del justo
y de su indefensión ante los ataques venenosos de lenguas
calumniosas. En el Salmo 120, los ojos del salmista miran
a su alrededor con angustia, mientras que aquí se elevan hacia los montes con esperanza.[2] La constante repetición de la
palabra *"guarda"* nos invita a titularlo «Cántico al Guardián de Israel». Y si no fuera por que se halla colocado
entre los "Salmos del Peregrinaje"[3], deberíamos conside-
rarlo un himno marcial, apto para la oración vespertina de

---

salmos constituía el *"himnario de los peregrinos"* que subían a
Jerusalén para participar en alguna de las fiestas anuales. Parece la
más acertada».

[2] Francisco Lacueva [1911-2005] en su versión del "Comentario
de Matthew Henry" cita al respecto de este salmo al rabino inglés
Abraham Cohen [1887-1957]: «Este es, según Cohen, "uno de los
más populares salmos del Salterio, perfecta expresión de la confianza en Dios, y ha estado constantemente en labios de innumera-
bles hombres y mujeres a lo largo de las generaciones, cuando han
sentido la necesidad de un socorro que los mortales no les podían
ofrecer". Así este salmo nos estimula a reposar en Dios y pone toda
nuestra confianza en él».

[3] Los llamados "Salmos del Peregrinaje" son un conjunto de quince salmos (del 120 al 134, ambos inclusive), que forman como un
pequeño salterio dentro del Salterio. Se cree que eran cantos anti-
fonales (donde uno canta y otro responde) y que se denominan de
"peregrinaje" porque eran cantados por los peregrinos en su ascenso
a Jerusalén. No todos ellos fueron compuestos forzosamente para
este fin, pues proceden de distintos autores y épocas, pero sí parece
que fueron seleccionados en un momento determinado para tal propósito. George Campbell Morgan [1863-1945] en sus *"Notes on the
Psalms",* considera que su ubicación después del Salmo 119 dedica-
do a las excelencias de la Palabra es significativa, pues los que co-
nocen y valoran la Palabra de Dios acuden al Templo para adorarle.

alguien que duerme en las tiendas de un campamento militar. Es canto del soldado, a la vez que himno del viajero. Se detecta dentro del propio salmo un ascenso gradual que va subiendo progresivamente a medida que avanza hasta alcanzar el máximo nivel de la confianza sosegada.[4]

C. H. Spurgeon

Título: *"Cántico Gradual".* Alguien ha sugerido ingeniosamente que estos *"grados"* o *"pasos"* consisten en la reiteración de una palabra o pensamiento dentro de una misma cláusula, versículo o estrofa, que va repitiéndose en el versículo siguiente, a modo de *"grados"* (o escalones) por los cuales el pensamiento del salmista va ascendiendo de una verdad a otra cada vez más elevada. Démonos cuenta que el concepto *"mi socorro",* expresado en el versículo uno (121:1); se repite en versículo dos (121:2). Es el primer escalón o grado, que nos conduce a un segundo escalón, a una verdad más elevada (o aclaración del concepto) en el versículo tres (121:3). Ahí el concepto se amplía con la idea es de que *"mi socorro"* no se dormirá, *"ni se dormirá el que te guarda".* La misma idea que, con ligeras modificaciones, toma cuerpo nuevamente en el versículo cuatro (121:4): *"He aquí, no se adormecerá ni dormirá el que guarda a Israel".* El siguiente *"grado"* lo alcanzamos en el versículo cinco (121:5), *"que te guarda y no se adormecerá"* que se identifica como Jehová: *"Jehová es tu guardador y es tu sombra";* una idea que debidamente ampliada (la palabra Jehová ocurre dos veces en el versículo cinco) tiene su continuidad en el versículo seis (121:6), donde se nos

---

[4] Con respecto a la fecha en que fuera escrito, Kraus opina lo siguiente: «Es difícil fijar la fecha de composición del Salmo 121. No es evidente, ni mucho menos, que el salmo pertenezca a los tiempos que siguieron al destierro».

aclara de qué nos va a guardar Jehová en el papel de nuestra sombra: *"El sol no te fatigará de día, ni la luna de noche"*. Finalmente, el más alto *"grado"* de este cántico se alcanza en el versículo siete (121:7), cuando la verdad implícita en la palabra *"Jehová"* se despliega en su aplicación a nuestra protección, *"Jehová te guardará de todo mal; él guardará tu alma"*, y que ampliando de nuevo el concepto se repite: *"Desde ahora y para siempre"*[5] (121:8). Probablemente no resultaría muy difícil, con las consiguientes reservas sobre las ocasiones litúrgicas y particularidades de cada salmo, establecer una conexión estructural interna similar para cada uno de los "Cánticos Graduales" y de ellos entre sí.

ALFRED EDERSHEIM [1825-1889]
"The Golden Diary", 1877

Versión poética:

LEVAVI OCULOS MEOS IN MONTES

Mis ojos nebulosos y afligidos
se levantan a los montes santos,
a esos excelsos montes de que solo
me puede descender el bien que aguardo.

---

[5] Dice AGUSTÍN DE HIPONA [353-429]: «Estamos ante el segundo de los salmos que llevan el título de Cántico Gradual. Como ya os indiqué en mi exposición al primero, describen el ascenso simbólico de nuestro corazón desde el valle de lágrimas de este mundo hacia Dios, esto es, desde la tribulación hasta las cosas sublimes. ¿Y por qué desde la tribulación? Porque la tribulación nos enseña humildad y no hay ascenso posible hacia las cosas de Dios si no es partiendo de la humildad (…) Estos cánticos graduales, hermanos, nos enseñan a ascender en el corazón, es decir, en la fe, la esperanza y el amor; incentivan nuestro deseo de cosas celestiales y vida eterna. Y esta es la forma de ascender».

Este bien es el grande y poderoso
auxilio que ha de darme el Dios que amo,
el Dios del universo dulce y fuerte
que la tierra y los cielos ha creado.

No permita ese Dios en quien esperas
que te rindan tus míseros quebrantos,
y él mismo no se duerma en la custodia
con que atento te ha estado vigilando.

Pero el Señor que a Israel protege,
no duerme, ni jamás ha dormitado,
y con abiertos vigilantes ojos
a su pueblo querido está guardando.

Ese Dios que te asiste cuidadoso
será tu protección, será tu amparo,
y a fin de liberarte de peligros,
siempre estará benévolo a tu lado.

El sol no te podrá quemar de día,
ni por la noche con influjos malos
la luna te hará mal, en todo tiempo
la piedad del Señor te pondrá a salvo.

Apartará de ti continuamente
todo lo que pudiera hacerte daño.
¡Ah! que guarde también tu alma felice
y quiera conducirla a su descanso.

Que guarde tus entradas y salidas,
que te guarde los días y los años,
que te guarde por fin todos los siglos
y aun después de los siglos acabados.

Del "Salterio Poético Español", siglo XVIII

2

Salmo completo: Por lo que leemos en el primer versículo (121:1), este cántico gradual fue compuesto para ser cantado a la vista de los montes de Jerusalén y es manifiestamente un cántico vespertino para la compañía sagrada de peregrinos en las últimas vigilias de la noche, por ello sus imágenes encajan perfectamente con un cántico del peregrinaje.[6] Como se aclara explícitamente en su introducción, se cantaba juntamente con el Salmo 122, cuando las caravanas de peregrinos habían llegado a

---

[6] KRAUS apunta la posibilidad de que pudiera tratarse de un ceremonial de despedida del peregrino por parte del sacerdote al regresar (aunque también cabe la posibilidad de una bendición del padre de familia al partir): «En el v. 1 hay dos interpretaciones posibles. Si suponemos que el Salmo 121 es un ceremonial de despedida a las puertas del santuario, entonces comprenderemos muy bien que el peregrino, al despedirse, mire con preocupación a las montañas que rodean y dominan la ciudad de Jerusalén (cf. Salmo 125:2). La serranía al este de Jerusalén es especialmente peligrosa (cf. Lucas 10,30). En ella podría ocurrirle algo al peregrino. Se comprende, por tanto, que una persona, después de pasar días de recogimiento y seguridad durante las fiestas celebradas en el recinto sagrado, se pregunte ahora quién le va a ayudar y defender a su paso por aquellas escarpadas montañas. La respuesta dada por el sacerdote en los v. 2-8 encajaría muy bien con esa angustiada pregunta».

las puertas de Jerusalén y se detenían con el propósito de organizar y formar el orden solemne de procesión hacia el Santuario, como vemos en el Salmo 134 (…) Lo más probable, por tanto, es que este salmo era el cántico vespertino que los peregrinos cantaban al retirarse a descansar la última noche antes de entrar en Jerusalén, cuando los montes de Jerusalén, algo tan anhelado y que simbólicamente marcaba el término de su peregrinaje, estaban al alcance de su mirada. Esta explicación nos aclara su adecuada conexión con el salmo siguiente, que se cantaba en la siguiente estación, algo más cerca, cuando los peregrinos se encontraban ya en las mismas puertas de Jerusalén. También nos aclara el motivo de que en mitad del salmo se presente al Señor como el *"guardián"* de Israel, en clara referencia a las palabras dirigidas al patriarca Jacob, mientras este dormía en su peregrinación: *"Yo te guardaré"*[7]; y a su vez, vierte la necesaria luz sobre la enigmática frase de *"no se adormecerá ni dormirá"* (121:4), que enmarcada en este contexto nocturno adquiere todo su sentido.[8]

ERNST WILHELM HENGSTENBERG [1802-1869]
"Commentary on the Psalms", 1860

---

[7] Isaías 49:8.
[8] Dice JOSÉ Mª MARTÍNEZ [1924-2016] en "Salmos Escogidos": «El Salmo 121 es uno de los más bellos de los cantos de peregrinación. No es difícil ver tras su texto al piadoso israelita que se dispone a viajar a Jerusalén. Puede anticipar gozosamente las experiencias que seguramente le esperan durante la fiesta en la ciudad santa; pero también es consciente de las dificultades y peligros del viaje. Nada, sin embargo, le arredra. Desde el principio hasta el fin, desde la salida hasta el regreso, Dios será su guardián que le librará de todo mal».

Salmo completo: Se dice que Mr. Romaine[9] leía este Salmo cada día; y no es de extrañar, pues cada una de sus palabras es apropiada para animar y fortalecer nuestra fe y esperanza en Dios.

SAMUEL EYLES PIERCE [1746-1829]
"Letters on Spiritual Subjects", 1862

Salmo completo: Tal vez el verdadero secreto de este salmo está en su designación como "Cántico Gradual". Cada versículo es tratado como un grado o peldaño de avance en la vida espiritual, comenzando con *"ayuda"* para las tribulaciones de esta vida, recibida desde los *"montes"* eternos; hasta culminar con protección divina *"para siempre"*.[10]

HENRY MELVILL [1798-1871]

---

[9] Se refiere a WILLIAM ROMAINE [1714-1795], nacido en Hartlepool y educado en Oxford. Astrónomo, clérigo y teólogo de la Iglesia Anglicana, uno de los llamados no-conformistas, que fue autor de numerosas obras, la más conocida y apreciada *"Treatises Upon the Life, Walk and Triumph of Faith"*. Su pensamiento teológico y predicación ejerció una tremenda influencia sobre el también teólogo bautista calvinista SAMUEL EYLES PIERCE [1746-1829].

[10] Esta es también la opinión de JOSÉ Mª MARTÍNEZ [1924-2016] en "Salmos Escogidos" que dice: «Como ha hemos hecho notar, salta a la vista la gradación. Algunos términos clave como *"guardar"* se van repitiendo, pero siempre con un incremento en la intensidad del concepto que se expresa. En el centro, y como clave de la gradación, Dios mismo, siempre fiel auxiliador de cuantos en él confían».

3

Vers. 1. *Alzaré mis ojos a los montes; ¿De dónde vendrá mi socorro?* *[Alzaré mis ojos á los montes, de donde vendrá mi socorro. RVA]* *[Alzo mis ojos a los montes; ¿De dónde vendrá mi socorro? RVR]* *[A las montañas levanto mis ojos; ¿de dónde ha de venir mi ayuda? NVI]* *[Levantaré mis ojos a los montes; ¿de dónde vendrá mi socorro? LBLA]*

Alzaré mis ojos a los montes, de donde vendrá mi socorro.[11] Es bueno mirar siempre a lo fuerte en busca de

---

[11] Tengamos en cuenta que, a diferencia de la mayoría de versiones actuales, ni la versión inglesa KJV, ni la Reina Valera Antigua RV1909, colocaban signos de interrogación en la segunda parte del versículo. KJV: *"I will lift up mine eyes unto the hills, from whence cometh my help"*; RVA: *"Alzaré mis ojos á los montes, de donde vendrá mi socorro"*. Basándose en que la palabra hebrea הֶהָרִים *hehārîm*, que se traduce por *"montes"*, puede significar también "lugares altos", algunos intérpretes han identificado esos *"montes"* con los *"lugares altos"* donde se adoraba a imágenes paganas (Levítico 26:30; Números 35:32; Deuteronomio 12:2; 2ª Reyes 18:4,22) y ven, por tanto, un contraste entre el versículo uno y el dos que los signos de interrogación añadidos posteriormente ayudan a entender: *"¿De dónde vendrá mi socorro? [¿De los montes? No,] mi socorro viene de Jehová que hizo los cielos y la*

fuerza. Los habitantes de los valles padecen enfermedades peculiares para las que no hay mejor cura que pasar una temporada en las cumbres; y es saludable que se sacudan el letargo y se escalen las montañas que les rodean. En la

---

tierra". Pero de ser realmente así, lo más natural sería que hubiera no uno, sino dos interrogantes: *"¿Alzaré mis ojos a los montes?¿-De dónde vendrá mi socorro?"*. De hecho, hay diversas interpretaciones posibles, y todas cuentan con su argumento. Pero si nos atenemos a las versiones antiguas, concretamente a la KJV que es la que utilizaba Spurgeon, no cabe tal posibilidad, pues en el texto no había interrogantes, sino que era una sola y única frase afirmativa: *"Alzaré mis ojos a los montes de donde vendrá mi socorro"*. Visto de este modo no hay tal contraste, pues es evidente que los montes a los que se refiere el salmista no eran los "lugares altos" de idolatría, sino montes de Jerusalén, donde estaba el Santuario y, por tanto, no hay lugar para el interrogante, pues la lectura del versículo uno, sin interrogantes, encaja perfectamente con la afirmación que le sigue en el versículo dos: *"Mi socorro viene del Señor que hizo los cielos y la tierra"*. El sentido de la lectura del texto completo, sin interrogantes, sería mas o menos esta: *"Alzo mis ojos a los montes de donde vendrá mi socorro,* [puesto que] *mi socorro viene de Jehová,* [a quien adoramos en el Santuario que está en los montes de Sión y] *que hizo los cielos y la tierra"*. Es importante tener en cuenta este detalle, ya que el comentario de Spurgeon con respecto a este versículo se basa en una lectura sin interrogantes. De lo contrario, no sólo pierde buena parte de su sentido, sino que incluso, en su parte final, podría parecer contradictorio. Al respecto dice Francisco Lacueva [1911-2005] en el "Comentario de Matthew Henry": «Los *"montes"* (v. 1) son los que los peregrinos divisaban al acercarse a la ciudad santa; sobre ellos estaba edificada Jerusalén (Salmo 87:1; 125:2; 133:3). La pregunta que sigue solo está puesta para dar mayor relieve a la respuesta del versículo 2: el socorro verdadero solo puede venir de Aquel que hizo los cielos y la tierra y, por tanto, tiene poder suficiente para socorrer». Por su parte, José Mª Martínez [1924-2016] en "Salmos Escogidos" aporta la siguiente explicación: «La primera frase resulta un tanto

llanura son presa fácil para los bandidos y saqueadores, y para escapar de ellos el método más seguro es escapar a los refugios en las montañas. A menudo los enfermos y los lugareños amenazados, antes de iniciar su escalada, alzan los ojos con esperanza y contemplan anhelantes las alturas de los montes, ansiosos de estar ya en sus cumbres y sentirse libres de todo peligro. Así el salmista, hombre justo y santo, al sentirse amenazado por sus calumniadores que le atormentaban sin cesar, entona las estrofas de este soneto escogido alzando su mirada a las alturas, al Señor Todopoderoso, convencido de que desde su posición más elevada él ve todas las cosas de modo distinto y está dispuesto a derramar socorro sobre su siervo afligido. A los santos la ayuda les llega exclusivamente desde arriba, si miran hacia a otros lugares es en vano. Alcemos, pues,

---

enigmática. ¿Qué sentido tenía para el peregrino *"alzar los ojos a los montes"*? En opinión de algunos, estos montes eran los que rodean Jerusalén, símbolo de la protección divina (Salmo 125:2); entre ellos ocupaba lugar privilegiado el Monte Sión (Salmo 125:1), donde se manifestaba especialmente la presencia de Yahvé (Salmo 9:11; 48:2; 50:2; 78:68; 84:7; 99:2). Desde Sión, Dios bendecía a su pueblo (Salmo 134:3). Mirar los montes equivaldría, pues, a anhelar y esperar la presencia benéfica de Dios. Interpretación del todo diferente es la que daba Thompson al traducir la frase en forma interrogativa (*"¿alzaré mis ojos a los montes?"*) y sugerir la posibilidad de identificar los montes con los lugares altos donde se practicaban diversas formas de idolatría. Alzar la mirada a ellos sería buscar la ayuda de los dioses falsos, lo que el salmista rechaza tajantemente. Pero es difícil imaginar que un israelita fiel que tanto anhelaba adorar a Dios en el templo de Jerusalén pensase en algún momento invocar la ayuda de las falsas divinidades a las que se rendía culto en los altos. Más lógico parece pensar que los montes a los que el poeta alude son los que el peregrino habría de encontrar en su paso camino a Jerusalén, en los que nunca faltaban peligros y dificultades».

nuestros ojos a las alturas con esperanza, expectación, deseo y confianza. Satanás se esforzará en lograr que mantengamos los ojos fijos en nuestras aflicciones, a fin de que nos sintamos inquietos y desanimados. ¡No caigamos en su estratagema! Hagámonos fuertes en nuestra determinación de mirar siempre a las alturas, porque hacerlo será un bálsamo, y no sólo para nuestros ojos, sino también para nuestro corazón, pues aquellos que alzan su mirada a los montes eternos, pronto elevan también hacia ellos su corazón. Los propósitos y designios de Dios, sus atributos, sus promesas inmutables, el Pacto, son realidades que se hacen presentes constantemente en todas las cosas, y son realidades firmes y seguras; la providencia, la predestinación, la fidelidad probada del Señor son los montes hacia los que debemos alzar nuestros ojos, pues es de ellos de donde vendrá nuestro socorro. Nuestra determinación como creyentes ha de ser, por tanto, la de levantar siempre la mirada, evitando caminar a ciegas, con los ojos vendados.[12] ¿Acaso comienza el salmista su cántico con un interrogante? ¿Duda y se pregunta por ventura: «¿Qué hago? *¿Alzo mis ojos a los montes?*»? ¿Se cuestiona si el apelar a lugares más elevados podrá o no aportarle refugio? ¿O renuncia quizá a la idea del ascenso alegando que los neófitos sin entrenamiento no pueden seguir la marcha de los montañeros veteranos y expertos? ¿Se pregunta *"¿De*

---

[12] SCHÖKEL hace al respecto esta hermosa reflexión: «Por los montes se empina la tierra hacia la altura, y la mirada continúa su ascensión, trascendiendo de un salto todo lo creado para detenerse en el creador de *"cielo y tierra"*. Los montes pueden ser mediadores: los podemos subir con los pies o con la mirada; pero la ascensión tiene que dirigirse a Dios. Así funciona el valor simbólico de lo creado: el verso puede ser modelo de cualquier ascensión contemplativa».

dónde vendrá mi *socorro?*"? Nada de eso; la afirmación es rotunda y tajante: *"Alzo mis ojos a los montes de donde vendrá mi socorro"*, y acto seguido aclara cuáles son esas alturas de las que vendrá su socorro: *"Mi socorro viene del Señor, que hizo los cielos y la tierra"*.

C. H. SPURGEON

Alzaré mis ojos a los montes. Desmesuradamente cargados, como vamos siempre, con el fardo de las consecuencias de nuestros placeres mundanales, aparte de otras preocupaciones y dificultades, nos es imposible, Señor, ascender hasta ti que habitas en la cima de tan alto monte, rodeado de legiones de ángeles que te asisten, y no nos queda más remedio que unirnos a tu profeta David alzando los ojos de nuestros corazones y mentes hacia ti, implorando que tu ayuda descienda hasta nosotros, tus pobres y miserables siervos.[13]

SIR ANTHONY COPE [1496-1551]
"Meditations on Twenty Select Psalms of the Prophet David", edición de 1547

---

[13] Dice AGUSTÍN DE HIPONA [353-429]: «*"¡Levanto mis ojos a los montes!"* ¿Y por qué he de levantar mis ojos a los montes? Porque los montes han sido ya iluminados. ¿Y qué quiere decir que los montes han sido iluminados? Que ha salido el Sol de justicia que los ilumina. Ha sido predicado el evangelio, han sido reveladas las Escrituras, han sido instituidos los sacramentos, el velo del templo se rasgó en dos dejando ver lo santo en su interior (Mateo 27:51). Alcemos, pues –nos exhorta el salmista–, nuestros ojos a los montes de donde ha de venir nuestro socorro. Pero ¡cuidado! No vayamos a confiar y poner nuestra esperanza en los propios montes, que por sí mismos carecen de todo realce y valor si no fuera por la Luz que los ilumina, por Aquel del cual se dice que era *"luz verdadera, que alumbra a todo hombre"* (Juan 1:9). Pues por los montes podemos entender a los profetas, grandes hombres de Dios. ¿Y cuál entre ellos mayor que Juan Bautista? ¡Qué monte

Alzaré mis ojos a los montes.[14] Cuando te sientas agonizar a causa de una conciencia atormentada, mira siempre hacia arriba, hacia un Dios lleno de gracia que estabilizará tu alma. Porque mirando hacia abajo, hacia ti mismo, no conseguirás más que razones para intensificar tu temor: pecados ilimitados, imperfecciones y pocas cosas buenas. No es en tu propia fe, sino en la fidelidad de Dios, en lo que debes confiar. Inclinando la mirada hacia abajo para mirarte a ti mismo y contemplar la enorme distancia entre aquello que deseas y aquello que en realidad eres y mereces, no lograrás sino marearte, tambalearte, y sumirte

---

más elevado que él! De quien dijo el propio Señor: *"Entre los que nacen de mujer no se ha levantado otro mayor que Juan el Bautista"* (Mateo 11:11). Pero fijaos en lo que dice el más alto de los montes: *"Porque de su plenitud tomamos todos, y gracia sobre gracia"* (Juan 1:16). De modo que es de la plenitud de Aquel que iluminó los montes de donde procede luz que nos ilumina, de donde procede nuestro auxilio; no de los propios montes, pese a que fueran el medio utilizado para que fuéramos iluminados a través de las Escrituras».

[14] Dice CASIODORO [485-583]: «Cuando el salmista exclama *"Alzo"*, quiere decir que está dispuesto a elevarse, a ascender, puesto que alzar una cosa es elevarla y situarla en un nivel superior al que se encuentra. Y cuando dice *"mi ojos"* se refiere a los ojos del corazón, del entendimiento (Efesios 1:18); como leemos en otro salmo: *"Abre mis ojos, y miraré las maravillas de tu ley"* (Salmo 119:18): o también *"Los mandamientos de Jehová son rectos, que alegran el corazón; el precepto de Jehová es puro, que alumbra los ojos"* (Salmo 19:8). Puesto que si interpretamos sus palabras como referentes a los ojos físicos de nuestro cuerpo, y a los montes cubiertos de tupidos bosques y rocas inexpugnables ¿qué beneficio obtendríamos de ello? Pero, si damos a las palabras del salmista su correcto sentido espiritual, todo queda claro: alza los ojos de su corazón, de su entendimiento, a las cosas de arriba, a las cosas santas, a la Sagrada Escritura» .

en la desesperación. Por tanto, alza siempre tus ojos a los montes, de donde viene tu socorro, y no mires jamás al valle profundo de tu propia indignidad si no es para doblegar tu soberbia cuando seas tentado por la arrogancia.

THOMAS FULLER [1608-1661]
"The Cause and Cure of a Wounded Conscience", 1647

Los montes. Indudablemente, Palestina es la "zona alta"[15] de Oriente Medio. Y es remarcable su relación con la historia del pueblo de Israel, porque era en su época la única nación con altos estándares de civilización que habitaba un país montañoso (…) El pueblo hebreo fue elevado por encima de los demás Estados que lo rodeaban, tanto en lo moral como literalmente. Desde el desierto de Arabia hasta Hebrón es todo un ascenso continuo, y en todo su recorrido no hay descenso de importancia, excepto por la hendidura del Jordán, Esdraelón[16] y la costa. Israel, por así decirlo, contemplaba el mundo conocido desde su santuario en la cumbre de un monte (…) Era, sin duda, hacia los *"montes"* de Israel hacia donde el exilio alzó sus ojos, como el lugar de donde habría de venir su socorro.

ARTHUR PENRHYN STANLEY [1815-1881]
"Sinai and Palestine In Connection with their History", 1856

---

[15] En el original, *"the Highlands"*. La región histórica de Highland, en Escocia, se conoce así por la cordillera en la que se sitúa.
[16] Se refiere a al valle o planicie de Jezreel, la porción oriental de la gran llanura que está al norte de la cordillera del Carmelo y al sur de los montes de Galilea (Josué 6:33). En época helenística recibió el nombre de llanura de Esdraelón.

Los montes, de donde vendrá mi socorro. No fijes tu mirada en las riquezas, sino en la gracia; no en la salud, sino en la piedad; no en la hermosura, sino en la santidad; en ningún tesoro, fuera de los que están en el cielo; en ningún deleite, fuera de *"las cosas de arriba".*[17]

ANTHONY FARINDON [1598-1658]
"Forty Sermons Preached at the Parish-church of St. Mary Magdalene", 1878

Vers. 1-2. Frágil y debilitada al término del largo viaje de su vida, una peregrina cristiana repetía en su lecho de muerte un himno que en una de sus estrofas dice: *Pues el santo y el fiel Vigilante no desmaya en su celo y su amor.* Repitió la frase varias veces, tratando de recordar el himno de donde procedía y, como no lo lograba, tarareó parte de la melodía, pidiendo a los que le acompañábamos en la habitación que la ayudáramos a recordarlo. Cuando le leímos el himno completo, una hermosa paráfrasis del Salmo 121 escrita por Charles Wesley[18], experimentó un gran consuelo.

A los montes elevo mis ojos,
a los montes eternos del cielo;
allí encuentra mi alma consuelo,
allí vive mi eterno Señor.

---

[17] Colosenses 3:1-4.

[18] Se refiere a CHARLES WESLEY [1707-1788], hermano de Juan Wesley y líder del Movimiento Metodista, aunque Charles, que además de ministro ordenado era también poeta, es más conocido por los numerosos himnos que escribió (más de seis mil), muchos de los cuales se siguen cantado en nuestras iglesias, traducidos al español. La versión española corresponde a la traducción hecha en el "Himnario de las Iglesias Evangélicas de España", publicado por SAMUEL VILA [1902-1992] y otros pastores en España alrededor de 1950.

Israel por su mano bendita
allí encuentra descanso constante;
pues el santo y el fiel Vigilante
no desmaya en su celo y su amor.

Si en tu mal te conjura el infierno,
has de ir y volver puro y sano;
pues te lleva tu Dios por la mano
y estás salvo con tal defensor.

Contra ti nada puede el maligno;
y al perder de esta vida la prenda,
querubines durante la senda
por do al trono has de ir del Señor.

EDWARD JEWITT ROBINSON [1821-1900]
"The Caravan and the Temple", 1878

Vers. 2. ***Mi socorro viene de Jehová, que hizo los cielos y la tierra.*** *[Mi socorro viene de Jehová, que hizo los cielos y la tierra. RVR] [Mi ayuda proviene del Señor, creador del cielo y de la tierra. NVI] [Mi socorro viene del Señor, que hizo los cielos y la tierra. LBLA]*

Mi socorro viene de Jehová, que hizo los cielos y la tierra. Lo que más necesitamos en este mundo es *socorro*: ayuda poderosa, constante, eficiente: necesitamos un *pronto auxilio en las tribulaciones.*[19] ¡Qué misericordia tan grande la que tenemos en nuestro Dios! Nuestra esperanza está en Jehová porque nuestra ayuda viene de él. Una ayuda que está en camino y que llegará a su debido tiempo, porque, sabiendo de quién procede, sabemos que nunca llega tarde. Jehová, que creó todas las cosas, cuenta

---

[19] Salmo 46:1.

con la fuerza y poder necesarios para cualquier emergencia, el cielo y la tierra están a disposición del que los hizo, por tanto, gocémonos de contar con semejante ayudador infinito y todopoderoso; que antes destruirá el cielo y la tierra que permitir que su pueblo sea destruido, y antes los collados y los montes eternos se doblegarán y se inclinarán, que fracasará Aquel cuyos caminos son eternos. Hemos de mirar más allá del cielo y de la tierra hacia él, que creó ambas cosas; es vano confiar en las criaturas; lo sabio es confiar en el Creador.

C. H. Spurgeon

Mi socorro viene de Jehová. Es conveniente recordar que nuestro socorro viene del Señor. Y no sólo cuando nos sentimos acorralados y hemos agotado todos los recursos y posibilidades desde la perspectiva humana, sino también, y de manera especial, cuando las cosas nos marchan bien; cuando todo va viento en popa, cuando tenemos numerosos amigos y abundantes recursos a nuestro alcance. Porque es entonces, precisamente, cuando estamos en el mayor peligro de poner *"carne por brazo"*,[20] depositar nuestra confianza en el hombre y con ello hacernos merecedores de la maldición a la que se refiere el profeta en este texto.[21] O bien decir a nuestra alma como el rico de la

---

[20] Jeremías 17:5.
[21] Dice Juan Crisóstomo [347-407]: «*Mi ayuda viene del Señor, que hizo los cielos y la tierra*». No de los hombres, no del poderío militar, no de las riquezas, no de las posesiones, ni de los amigos, ni de los contactos: del Señor. Pues el auxilio que viene del Señor es invulnerable, rápido y fácilmente accesible. No requiere trámites ni precisa complejas solicitudes, ni hace falta para acceder a él rogar a cortesanos y suplicar a intermediarios; basta con pedirlo directamente, basta con apartar nuestros ojos de las cosas de este mundo y elevarlos hacia arriba fijándolos con esperanza en el Señor».

parábola: *"Descansa, come, bebe, diviértete"*[22] y caer en la destrucción que acompaña a tales necios.

ALFRED EDERSHEIM [1825-1889]
"The Golden Diary", 1877

Mi socorro viene de Jehová. De ello aprendemos:
1. Que Dios es el *"socorro"* de su pueblo.
2. Que le presta ese socorro en proporción a sus necesidades.
3. Que su ayuda nunca es en vano. *"Mi socorro viene"* no meramente de esta tierra, o de los astros del cielo, sino *"de Jehová, que hizo los cielos y la tierra".*[23]

GEORGE ROGERS [1798-1891]

Creador del cielo y de la tierra. Y por tanto, poderoso para brindar todo tipo de ayuda.[24]

JAMES G. MURPHY [1808-1896]
"A critical and exegetical commentary on the book of Psalms"

---

[22] Lucas 12:19.
[23] Isaías 40:26-31.
[24] Dice al respecto JOSÉ Mª MARTÍNEZ [1924-2016] en "Salmos Escogidos": «Al nombre de Yahvéh el poeta añade: *"que hizo los cielos y la tierra".* Por consiguiente, también había hecho los montes y todo lo que en ellos pueda haber. Todo estaba, pues, bajo su control. Una de las grandes enseñanzas bíblicas es que el Dios creador, por tener pleno dominio sobre su creación, domina también todos los acontecimientos, incluidos de modo especial los que afectan a sus hijos. Para el israelita consciente, conocedor de la revelación divina, creación y salvación estaban siempre estrechamente relacionadas (Salmo 124:8; 134:3). Teniendo a Dios, aunque falte todo socorro humano, la oportuna ayuda está asegurada. La teología del Antiguo Testamento nunca aparece de modo teórico o abstracto, sino encarnada en la experiencia».

Vers. 3. *No dará tu pie al resbaladero, ni se dormirá el que te guarda.* [*No dejará que tu pie titubee, ni se dormirá el que te guarda.* RVR] [*No permitirá que tu pie resbale; jamás duerme el que te cuida.* NVI] [*No permitirá que tu pie resbale; no se adormecerá el que te guarda.* LBLA]

No permitirá que tu pie resbale.[25] Aunque las sendas de la vida son difíciles y peligrosas, nos mantendremos

---

[25] En hebreo אַל־יִתֵּן לַמּוֹט רַגְלֶךָ וְתִי־לֹא ʾal-yittên lammōwṭ raḡləḵā de טוֹם mot. La versión inglesa KJV es más literal y más explícita aún: *"He will not suffer thy foot to be moved"*, "no soportará que tu pie resbale". KRAUS traduce *"Él no permite que tu pie resbale"*; y SCHÖKEL: *"No dejará que tropiece tu pie"*. Dice al respecto JOSÉ Mª MARTÍNEZ [1924-2016] en "Salmos Escogidos": «Llama la atención que a partir del v.3 se observa un cambio de la primera a la segunda persona, del "yo" al "tú". ¿Se trata de un simple recurso poético para dar mayor belleza y vivacidad al salmo? ¿Es el propio peregrino el que, tras haberse formulado la pregunta del v. 1, seguida de su rotundo testimonio de fe en el v. 2, habla consigo mismo, a semejanza de lo que vemos en el Salmo 42? ¿O más bien el poeta tiene ante su imaginación al peregrino con su perplejidad y su reacción de fe vigorosa y a una segunda persona (tal vez el padre) que le habla confirmando su confianza con los vv. 3 y ss.? Weiser opta decididamente por esta interpretación». KRAUS dice lo siguiente al respecto: «Surgen grandes dificultades, en cuanto se procede a analizar la forma y la estructura del salmo. No cabe la menor duda de que se trata de un diálogo. Pero un diálogo, ¿con quién? ¿con la propia alma? (F. Notscher). El que formula la pregunta en el v. 1 ¿se da a sí mismo la respuesta en el v. 2? ¿cómo habría que considerar entonces la sección de los v. 3-8? ¿se dirige el salmista a sí mismo, o se dirige a otra persona? Se ha intentado resolver estas dificultades modificando los sufijos de los v. 2ss. En los resultados, los intérpretes difieren mucho unos de otros (…) La manera de proceder de Artur Weiser es más sencilla. Lee de la siguiente manera el v. 2: *"La 'ayuda' viene del Señor, que hizo el cielo y la tierra"*. En este caso, el v. 1 se entiende como la pregunta

firmes en ellas porque Jehová no permitirá que nuestros pies resbalen; y si él no lo permite, no sucederá. Por tanto, si nuestros pies son preservados de ese modo maravilloso y se mantienen firmes, podemos tener la plena seguridad de que así se mantendrán también nuestra cabeza y corazón. En el texto hebreo la frase tiene un sentido de anhelo y plegaria: *"Que él no permita que tu pie resbale"*.[26] La protección prometida debería ser motivo de constante oración y podemos orar por ello con total con-

---

formulada por alguien que se marcha; los v. 2-8, como respuesta y expresión de buenos deseos por parte del que se queda (el padre o el sacerdote). (…) Pues bien, ¿qué sentido conjunto tienen la pregunta y la respuesta? El Salmo 121 ¿será una liturgia? ¿o se trata sencillamente de un diálogo que posiblemente se desarrolla entre el hijo que se despide y su padre?». SCHÖKEL da la siguiente explicación: «La composición del salmo sugiere una ejecución litúrgica, si no refleja un diálogo interior. En los versos 1-2, el orante pregunta y se responde: «¿de dónde? -Del Señor». Desde el tercer verso hasta el final, una voz no identificada interpela al orante en segunda persona (compárese con el Salmo 91). Diez veces suena el sufijo de segunda persona *kā*. Si suponemos una ejecución litúrgica, la voz anónima será de un levita o sacerdote que pronuncia un oráculo asegurando al orante. Si se trata de desdoblamiento interno del orante, las palabras se las dicta o sugiere en silencio Otro».
[26] Dice al respecto JOSÉ Mª MARTÍNEZ [1924-2016] en "Salmos Escogidos": «Si aceptamos la interpretación antes sugerida respecto a la intervención de una segunda persona que, a partir del v. 3, responde al peregrino, veremos en el texto que sigue no sólo una confirmación, sino también una ampliación de lo que el peregrino ha dicho. Muchas versiones han traducido el v. 3 no como una declaración relativa a la acción de Dios *("No dará tu pie al resbaladero"),* sino como un deseo, en el fondo de una oración *("No permita él que tu pie resbale; no se duerma tu guardián).* Nos parece una traducción correcta y sugerente. Ante el hermano que debe afrontar pruebas y dificultades, lo mejor que podemos hacer es interceder a su favor».

vicción, puesto que los que tienen a Dios como protector están a salvo de todos los peligros que pueda haber en su camino. En los cerros y quebradas de Palestina, la acción física literal de prestar ayuda a una persona para evitar que resbalara era algo muy de apreciar; cuanto más en los caminos resbaladizos de una vida zarandeada por pruebas y aflicciones: en ellos, el sostén moral y espiritual es de un valor incalculable, puesto que un solo paso en falso puede abocarnos al precipicio. Seguir en pie y mantener el curso de nuestro camino sin zozobras es una bendición que sólo Dios puede conceder, algo propio de la mano divina y digno a su vez de gratitud perpetua. Nuestros pies avanzarán en su camino, pero no resbalando[27] hacia su infortunio y destrozo.

No se adormecerá el que te guarda o *"el que te protege no caerá en sueño"*. Si nuestro Guardián se adormeciera no resistiríamos un instante; le necesitamos tanto de día como de noche, somos incapaces de dar un solo paso con seguridad si no es bajo su mirada protectora. Esta es, ciertamente, una de las estrofas preferidas en un cántico de peregrinaje. Dios es la escolta y guardaespaldas de sus santos. Y cuando surgen peligros a nuestro alrededor, estamos a salvo, porque nuestro Protector y Preservador está siempre despierto y no permitirá que seamos sorprendidos. No hay fatiga o agotamiento posibles que puedan hacer que nuestro Dios caiga en el sueño, sus ojos vigilantes nunca se cierran.

C. H. Spurgeon

---

[27] El texto original inglés hace aquí un juego de palabras *"our feet shall move (…) but they shall not be moved"*, "nuestros pues se moverán (…) pero no serán movidos", que hemos considerado adecuado traducir en su sentido de esta manera.

No permitirá que tu pie resbale. El "resbalar de los pies" es una figura empleada muy a menudo en la poesía hebrea para referirse al infortunio y la desgracia. Por ejemplo: *"Para que cuando mi pie resbale, no se engrandezcan sobre mí"*[28]; *"Preservó la vida a nuestra alma, y no permitió que nuestros pies resbalasen"*[29]. Resbalar era algo natural en las montañas de Canaán, donde un simple deslizamiento del pie podía acarrear consecuencias fatales. Sin duda, la figura empleada se refiere en este caso a un infortunio con desenlace total y duradero.

ERNST WILHELM HENGSTENBERG [1802-1869]
"Commentary on the Psalms", 1860

No permitirá que tu pie resbale. Una persona no puede caminar sin mover los pies y, si sus pies se mueven, no puede estar parada; los pies y el resto del cuerpo van ligados indisolublemente. Haciendo uso de esta sinécdoque,[30] el salmista utiliza aquí el pie en sentido figurado para referirse a todo el cuerpo, y con el cuerpo, a todo lo que la persona es y representa, él y su casa. De modo que cuando afirma *"No permitirá que tu pie resbale",* significa en realidad: "No permitiré que ni, tu ni los tuyos, resbaléis

---

[28] Salmo 38:16.

[29] Salmo 66:9.

[30] La SINÉCDOQUE es un tropo o figura retórica de lenguaje. Es la relación de la "parte" por el "todo", el singular por el plural, la especie por el género, el material de un objeto por el objeto, etc. Funciona también a la inversa (el todo por una parte); cuando es referida a individuos, tenemos una *antonomasia*, una parte que se puede sustituir por el todo. Una de sus formas más comunes es referirse a alguien aludiendo a una sola característica de su forma de ser o de su físico: "viene *el valiente*", "*el salmista* dice", "*la bonita* habla".

o seáis empujados violentamente al precipicio". En otras palabras, el poder de tus enemigos y opositores no prevalecerá sobre ti, porque el poder de Dios te sostiene. Muchos son los que tratarán de herirte en los talones para hacerte caer y derribarte, pero no lo conseguirán mientras Dios sea quien te sostiene. Si dependiera del deseo de tus enemigos y prevaleciera su voluntad, caerías de inmediato; pero Dios *"no permitirá que tu pie resbale"*.

JOSEPH CARYL [1602-1673]

Vers. 3-8. Hay algo muy impactante en la afirmación de que el Señor no va a permitir que resbale ni siquiera el pie de los más débiles y cansados. Los montes eternos se mantienen firmes, y nos sentimos como el monte Sión, pues no seremos apartados.[31] Pero en nuestro caminar en la vida diaria: ¡qué débiles somos, y qué propensos a tropezar incluso por un guijarro en el camino! Y sin embargo esos pies son tan firmes e inconmovibles como los propios montes, pues están bajo la protección de Dios. Una de las más dulces promesas divinas, es sin duda la que afirma que Dios mandará a sus ángeles al lado de cada uno de los que son suyos, para que no sufran daño en los caminos.[32] Pero, oh, ¡cuánto más lejos, sí, mucho más lejos que las alas infatigables de los ángeles, llega ese amor inexplicable de la promesa maravillosa que encontramos este versículo! Un amor en el que Dios mismo se compromete a protegernos personalmente de todo peligro, como la gallina junta y protege a sus polluelos bajo sus alas.[33] *"No se adormecerá ni dormirá el que guarda"*. Durante las

---

[31] Salmo 125:1; Proverbios 10:30.
[32] Salmo 91:11.
[33] Mateo 23:37.

primeras horas de la mañana, siempre cargadas de prisas y preocupaciones; en las numerosas decisiones, conflictos y peligros que surgen durante la jornada de trabajo; en los deslumbramientos y calores del mediodía; en las humedades y rocíos del atardecer; en las vigilias nocturnas de insomnio; esa mirada vigilante permanece atenta constantemente sobre cada uno de los movimientos de sus hijos buscando siempre su bien. Nos levantamos contentos y nos marchamos felices a nuestro trabajo para llevar a cabo nuestras labores hasta la tarde, porque Dios no deja de protegernos un solo instante; igual cuando salimos por la mañana que cuando regresamos por la tarde, el Señor nos sostiene en todas nuestras salidas y entradas, para que ningún mal nos acontezca. Y además, ¡oh!, qué dulce suplemento añade a la promesa: *"Él guardará tu alma"*. De ella infiere el apóstol su argumento cuando afirma citando otro salmo: *"Porque los ojos del Señor están sobre los justos, y sus oídos atentos a sus oraciones"*[34], y luego se pregunta: *"¿Y quién es aquel que os podrá hacer daño, si vosotros seguís el bien?"*. Desde los albores de tu vida hasta tu último suspiro, y aun más allá, eternamente: *"El Señor te protegerá de todo mal; él guardará tu alma"*.

BARTON-BOUCHIER [1794-1865]
"Manna in the heart or daily comments on the book of Psalms", 1855

Vers. 3, 4, 5. Encontrar un guardián que permanezca despierto durante toda la noche es una dificultad práctica muy real.[35] La fatiga natural de los que se mantienen alerta guardando con fidelidad las vigilias de la noche, y

---

[34] 1ª Pedro 3:12,13.
[35] 1ª Samuel 26:15-16; Cantares 3:3; Isaías 21:11; 56:10.

sus ansias de que llegue por fin el día y acaben esas horas solitarias y tediosas de oscuridad, es evidente en otra hermosa figura gráfica utilizada por el salmista en otro salmo:

> *"Mi alma espera al Señor*
> *más que los centinelas a la mañana;*
> *sí, más que los centinelas a la mañana".*[36]

El método habitual empleado en Oriente para garantizar que los centinelas no dormiten y con ello la vigilancia se interrumpa, es exigirles que den un grito en voz alta[37] o hagan sonar un silbato cada cuarto de hora (...) Sin embargo, y a pesar de todas esas precauciones, es frecuente que entre los pastores se den casos, especialmente cuando el guardián es un asalariado, en los que tan pronto el sueño cae sobre el fatigado campamento, el centinela, poco escrupuloso, se arrope envolviéndose con su grueso *"abaiyeh"*[38] o capa, y en un claro abandono su deber se tumbe en el suelo a dormir.[39] Vista a la luz de esta realidad conocida, qué dramatismo tan realista y qué derroche de condescendencia evocan las palabras del salmista:

---

[36] Salmo 130:6.
[37] Antiguamente era habitual incluso en Europa que los centinelas gritaran cada cuarto de hora "¡Centinela, alerta!", grito que al ser escuchado por su compañero a unos metros de distancia, debía ser contestado con un "¡Alerta está!", y así sucesivamente hasta completar todo el perímetro de murallas o círculo de zona vigilada.
[38] El *"aba"* o *"abaiyeh"* era una gruesa capa utilizada en Oriente, en especial por los militares, pastores y viajeros, para protegerse del frío de la noche, envolviendo con ella su cuerpo. Solía tener distintas formas y estar confeccionada de diversos materiales, aunque por regla general era de piel de cabra o de camello.
[39] Isaías 56:10; Nahúm 3:18.

"No se dormirá el que te guarda.
He aquí, no se adormecerá ni dormirá
el que guarda a Israel: Jehová es tu guardador"

Contar con la vigilancia de un escolta suele ser conveniente y es rasgo característico de la vida diaria en Palestina, pero resulta imprescindible para viajar por el país. Cuando hay que acampar cada noche en un territorio distinto y desconocido, si uno quiere retirarse a las tiendas a descansar con un mínimo de seguridad, es indispensable solicitar de las autoridades locales los servicios de protección de un guardián nocturno. Pues bien, tratándose de uno de los "Cánticos Graduales", lo más probable es que fuera compuesto para ser cantado de camino a Jerusalén, como himno de los peregrinos, cuando los israelitas acudían anualmente para celebrar sus tres grandes fiestas. Por tanto, como salmo de viajeros, esta alusión al guardián nocturno era sin duda de vital importancia.

JAMES NEIL
"Palestine Explored", 1882

Vers. 3, 4. Cuando alguien preguntó a Alejandro Magno[40] cómo podía dormir tan profundamente y tan tranquilo rodeado de tantos peligros, se limitó a contestar que Parmenio[41] le vigilaba, y ello le era suficiente. ¡Oh, cuánto más seguros están y cuanto más tranquilos pueden

---

[40] Se refiere a ALEJANDRO III DE MACEDONIA, más conocido como ALEJANDRO MAGNO [356-323 a.C.], considerado como uno de los más hábiles generales y grandes conquistadores de la Historia por su conquista del Imperio Persa.
[41] Se refiere a PARMENIO O PARMENIÓN [400-330 a.C.], general macedonio al servicio de Filipo II y posteriormente de su hijo Alejandro

dormir aquellos sobre los cuales vela Aquel que *"no se adormece y nunca duerme"*.

ELON FOSTER [1833-1898]
"The Dictionary of Illustrations"[42]

Vers. 3, 4. Cuenta una leyenda oriental que una pobre mujer acudió un día al sultán pidiéndole compensación por el robo de algunas propiedades que habían sido sustraídas de su vivienda. «¿Cómo fue eso?», le preguntó el monarca. «Estaba durmiendo –contestó–, y el ladrón entró en mi casa». «¿Y por qué te dormiste sabiendo que podían entrar a robar?» «Me dormí porque sabía que tú estabas despierto y vigilabas», fue su respuesta. Y el sultán, complacido por semejante respuesta, ordenó que se le restituyeran todas las posesiones perdidas. Aunque esto sea sólo sea una leyenda probablemente inventada para ilustrar la responsabilidad de los reyes y gobernantes humanos de garantizar la seguridad de sus súbditos y explicar el concepto de que el Estado siempre permanece alerta y nunca duerme, no deja de ser cierto del modo más absoluto en el caso del Guardián divino. Podemos dormir totalmente seguros, porque nuestro Dios siempre está despierto. Estamos protegidos totalmente, porque él jamás se adormece. Jacob, cuando partió de casa de su padre, disfrutó de una visión maravillosa del cuidado incesante de la divina

---

Magno convertido en su brazo derecho y uno de sus generales de mayor confianza.

[42] Se trata de *"The dictionary of illustrations adapted to Christian teaching: embracing mythology, analogies, legends, parables, emblems, metaphors, similes, allegories, proverbs, classic, historic and religious anecdotes, etc; with elaborate textual and topical indexes"*, una obra que Spurgeon recomienda de manera especial a sus estudiantes en su libro *"Lectures to My Students"*, 1873.

Providencia durante la noche. Viajando en solitario, dormía en el suelo con piedras por almohada y el cielo por dosel. Pero contempló una escalera maravillosa que iba del cielo a la tierra, y por la que los ángeles subían y bajaban. Y escuchó que Jehová le decía: *"He aquí, yo estoy contigo, y te guardaré por dondequiera que fueres"*.[43]

NEIL McMICHAEL [1807-1874]
"The Pilgrim Psalms: an exposition of the Songs of Degrees, Psalms 120-134", 1860

Vers. 4. *He aquí, no se adormecerá ni dormirá el que guarda a Israel.* [He aquí, no dormirá ni se adormecerá el que guarda a Israel. RVR] [Jamás duerme ni se adormece el que cuida de Israel. NVI] [He aquí, no se adormecerá ni dormirá el que guarda a Israel. LBLA]

He aquí, no se adormecerá ni dormirá el que guarda a Israel.[44] Las grandes verdades consoladoras deben repetirse: el dulce cantor considera que lo que acaba de expresar es demasiado valioso como para despacharlo en una sola línea. Deberíamos imitarle, y paladear más extensamente cada doctrina elegida, saboreando su miel. ¡Qué título tan glorioso nos proporciona aquí el texto hebreo: *"El guardián de Israel!"*[45]. Y cuán delicioso es pensar que en él no

---

[43] Génesis 28:15.

[44] En hebreo הִנֵּה לֹא־יָנוּם וְלֹא יִישָׁן שׁוֹמֵר יִשְׂרָאֵל *hinnêh lō-yānūm wəlō yîšān wmêr yiśrā'êl* de וּם *num*, "dormitar", y יָשֵׁן *yashen*, "dormir".

[45] KRAUS dice al respecto: «El *"guardián de Israel"* es el guardián de cada persona, lo mismo que en el Salmo 23 el *"pastor de Israel"* (Salmo 80:1) es el que guía a cada persona.

se dan períodos de aturdimiento o inconsciencia, nada le priva de su lucidez, ni el sueño profundo ni el más ligero. Nunca consentirá que un intruso, ni el más sagaz y silencioso, irrumpa en la casa: porque se mantiene en guardia permanente, y detecta al instante cualquier presencia extraña. Este tema maravilloso merece nuestra mejor consideración, puesto que en este versículo la expresión: *"He aquí"* se configura como un hito, algo fundamental dentro del contexto, un señalizador. Israel se quedó dormido, pero su Dios estaba despierto.[46] Jacob no contaba con paredes, ni cortinas, ni guardaespaldas a su alrededor, pero el Señor estaba allí, en aquel lugar, aunque Jacob no lo sabía, y por tanto, aunque era un hombre indefenso durmiendo al raso, estaba más seguro que dentro de un castillo. Tiempo después se referiría a Dios con este nombre tan cautivador: *"El Dios que me ha guiado desde el día en que nací hasta hoy"*[47]. Tal vez David alude a este pasaje con esta expresión. Y el término *"guarda"* también está repleto de significado: nos guarda como el rico guarda sus tesoros; como el valiente capitán protege la ciudad con su guarnición; como el centinela real guarda la cabeza de su monarca. Si el versículo anterior constituye en sentido estricto una plegaria: *"Que él no permita que tu pie resbale"*, en este encontramos la respuesta a la misma: *"He aquí, no se adormecerá ni dormirá el Guardián de Israel"*[48].

---

[46] Génesis 28:10-17.

[47] Génesis 48:15, NVI.

[48] Sobre este versículo AGUSTÍN DE HIPONA [353-429] hace en su comentario al Salmo 121 esta curiosa asociación de ideas: «¿Y quién es este *"Israel"* al que el Señor guarda y protege? El conjunto de aquellos que creen en la resurrección de Cristo. Pues poco valor tiene el creer que Cristo murió; lo mismo creen los judíos y los paganos. La fe cristiana consiste en creer no sólo que cristo murió,

También merece la pena observar que en el versículo tres se menciona al Señor como guardián en sentido personal: *"El que te guarda"*, mientras que aquí se le presenta como el Guardián de Israel, de todos aquellos que forman parte de su nación elegida que se identifica como Israel. La misericordia a uno de los santos es la garantía de bendición a todos ellos. Felices los peregrinos a los que este salmo ejerce de salvoconducto: pueden transitar sin temor a lo largo de todo el camino hasta la ciudad celestial.

C. H. Spurgeon

He aquí, no se adormecerá ni dormirá el que guarda a Israel. Es importante –afirma San Bernardo[49]– que *"el*

---

sino que resucitó; que fue *"entregado por nuestras transgresiones, y resucitado para nuestra justificación"* (Romanos 4:25). Esta es la fe que el apóstol predicaba vehementemente cuando decía: *"si confiesas con tu boca que Jesús es el Señor, y crees en tu corazón que Dios le levantó de los muertos, serás salvo"* (Romanos 10:9). No dice: "Si confiesas que Cristo murió", cosa que también creen los paganos, los judíos y todos sus enemigos, sino: *"si confiesas con tu boca que Jesús es el Señor, y crees en tu corazón que Dios le levantó de los muertos, serás salvo"*. Eso es lo que hemos de creer. Porque creer esto nos garantiza formar parte del verdadero Israel; y ser parte del verdadero Israel es estar bajo la protección de su Guardián».

[49] Se refiere a Bernardo de Claraval [1091-1153], doctor de la Iglesia, abad del monasterio de Claraval y reformador monástico francés, impuso el estilo que pronto se extendería a toda la *Orden del Císter:* disciplina, austeridad, oración y simplicidad. Tales ideales le enfrentaron con Pedro el Venerable [1092-1156], abad de Cluny, pues suponían un ataque directo contra la riqueza de los monasterios, la pompa de la liturgia y el lujo de las iglesias cluniacienses. Luchó contra las incipientes tendencias laicistas de su tiempo, haciendo condenar el racionalismo de Pedro Abelardo,

que guarda a Israel no duerma ni se adormezca". Y muy necesario, puesto que el enemigo de Israel tampoco duerme ni se adormece. Y de la misma manera que uno está pendiente constantemente de nosotros para protegernos, el otro busca incesantemente la oportunidad de herirnos y destruirnos; y su intención es que aquel que por alguna razón se haya desviado, jamás regrese al buen camino.[50]

JOHN MASON NEALE [1818-1866]
Y RICHARD FREDERICK LITTLEDALE [1833-1890]
"A Commentary on the Psalms", 1871

---

quien mantenía que se debían buscar los fundamentos de la fe con similitudes basadas en la razón humana. Creía en la revelación verbal del texto bíblico, y se declaró fiel discípulo de san Ambrosio y de san Agustín, a quienes llamó "las dos columnas de la Iglesia". Rebatió también las propuestas de Arnaldo de Brescia y dejó tras su muerte numerosos escritos.

[50] Dice TEODORETO DE CIRO [393-458]: «El salmista afirma que el Guardián de Israel: *"No se adormecerá ni dormirá"*. Pero los evangelios nos describen al Maestro durmiendo plácidamente en una barca en medio de la tempestad. ¿Se contradicen el salmista y los evangelistas? ¿O acaso el Maestro que dormitaba en la barca no era el único Dios Creador? ¡No hay lugar para contradicciones si tenemos en cuenta que tanto la palabra profética del salmista como la narración de los evangelistas proceden del mismo Espíritu. El Maestro, Dios hecho carne, habitaba un cuerpo humano, que igual que todos los cuerpos humanos tenía necesidad de dormir. Pero su naturaleza divina no dormía. ¿No dice también el profeta Isaías: *"¿No has sabido, no has oído que el Dios eterno, Jehová, el cual creó los confines de la tierra, no desfallece, ni se fatiga con cansancio? Su inteligencia es inescrutable"* (Isaías 40:28)?; y no obstante Juan evangelista nos dice que: *"Jesús, cansado del viaje, se sentó, así, junto al pozo"* (Juan 4:6). ¿Otra contradicción entre los evangelios y los escritos del Antiguo Testamento? Por supuesto que no. El *"no desfallecer, ni fatigarse con cansancio"* es una característica propia de la naturaleza divina del Dios que es espíritu y llena todas las cosas; el desplazarse de un lugar a otro por los

No se adormecerá ni dormirá. No hay ningún clímax gradual en estas palabras, como algunos han supuesto.[51] Etimológicamente, el primero podría ser el término más fuerte, ya que puede referirse al sueño de la muerte, como es el caso en el Salmo 76: *"Los valientes yacen ahora despojados; han caído en el sopor de la muerte".*[52] Pero en el caso del Salmo 121 es evidente que no es así, por lo que

---

caminos de este mundo con un cuerpo físico y experimentar cansancio es propio de la naturaleza humana del Dios hecho hombre; pero la unión entre ambas naturalezas no confunde ni altera las características propias de cada una». Sobre esta misma "contradicción" aparente que se plantea Basilio, dice José Mª Martínez [1924-2016] en "Salmos Escogidos": «El creyente puede llegar a dudar en algunos momentos de esta afirmación. En medio de tribulaciones durísimas, sufre y clama al cielo; pero aparentemente Dios ni ve ni oye; todo, al parecer, indica que está dormido. No, esto nunca sucede; y aún si llegara a acontecer, el Dios *"dormido"* sería más de fiar que cualquier guardián humano en vela. Así lo comprobaron los discípulos atemorizados cuando, navegando sobre las aguas agitadas en el lago de Genezaret, el Señor dormía (Mateo 8:23-27). En el momento oportuno se produce el *"despertar"* de Dios y se obra la salvación».

[51] Lo más probable es que se trata simplemente de una *endíadis* o *hendíadis,* una figura retórica de lenguaje que consiste en expresar y reforzar el sentido de un mismo concepto empleando dos términos coordinados para describirlo. Por ejemplo, en la frase *"siempre hace las cosas a tontas y a locas"*, la palabra "locas" no hace más que reforzar el sentido de la palabra "tontas", que añade fuerza al concepto de irresponsabilidad del sujeto en cuestión. Así sucede también en el caso de *"no se adormecerá ni dormirá"*, el *"no se adormecerá"*, refuerza la garantía de que *"no se dormirá"*. Un ejemplo muy claro del uso de *endíadis* en el texto bíblico es Isaías 5:27: *"En ella nadie está cansado ni nadie se tambalea, ninguno dormita ni duerme; a ninguno se le ha desatado el cinturón de la cintura, ni se le ha roto la correa de su sandalia".*

[52] Salmo 76:5,6 NVI.

no hay una distinción real entre los dos. Lo más probable es que se trate de una alusión a las guardias en los campamentos durante la noche, y a los centinelas de la caravanas.

JOHN JAMES STEWART PEROWNE [1823-1904]
"Commentary on the Book of Psalms", 1864

He aquí, no se adormecerá ni dormirá el que guarda a Israel. El orden de los términos hebreos es importante. Esta forma de expresión, *"no se adormecerá, ni dormirá"*, sería impropia en otros idiomas, pues de acuerdo con la forma correcta del modismo debería ser más bien a la inversa: *"No dormirá, sí, no se adormecerá"*. Pero los hebreos invierten el orden alegando que con ello refuerzan el argumento yendo de mayor a menor. El sentido es, por tanto, que como Dios nunca se adormece, siquiera en lo más mínimo, no hay razón para que tengamos temor a que nos acontezca daño alguno por haberse quedado dormido, pues si no alcanza siquiera a adormecerse, jamás se va a quedar dormido.

JUAN CALVINO [1509-1564]

El que guarda a Israel. Una clara alusión a Jacob, que durmió en Bethel, y para quien la promesa de Dios tomó la siguiente forma: *"He aquí, yo estoy contigo, y te guardaré por dondequiera que vayas"*.[53]

ABEN EZRA [1092-1167][54]
citado por HENRY THOMAS ARMFIELD [1836-1898]
en *"The gradual Psalms: a treatise on the fifteen songs of degrees, with commentary"* 1874

---

[53] Génesis 28:15.
[54] Se refiere al erudito judío español, el rabino ABRAHAM BEN MEIR IBN EZRA [1092-1167], más conocido por el nombre de ABEN EZRA,

No se adormecerá ni dormirá. Los seres humanos suelen caer vencidos por el sueño. Un centinela puede adormilarse en su puesto de guardia por descuido, por un exceso de horas de vigilia o por el cansancio; un piloto puede quedarse dormido con las manos agarradas al timón; e incluso una madre puede caer vencida por el sueño al lado de su hijo enfermo. Pero Dios nunca se agota, no se cansa, no tiene descuidos. Jamás cierra los ojos ante la condición de su pueblo o las necesidades del mundo.[55]

ALBERT BARNES [1798-1870]
"Notes, critical, explanatory, and practical, on the book of Psalms", 1868

El que guarda a Israel.
1. Como su fiel tesorero: con la mayor vigilancia.[56]
2. Como su amante esposo: con ternura.[57]

---

uno de los intelectuales más ilustres de la Edad Media, apodado "El Sabio", "El Grande" y "Doctor Admirable". Nació en Tudela (Navarra, España) en la época de dominio musulmán y salió de la península Ibérica en el 1140 escapando de la persecución desencadenada por los almohades. Mantuvo desde entonces una vida errante que le llevó al Norte de África, Israel, Francia e Inglaterra. Se desconoce el lugar de su muerte, algunos piensan que en Calahorra y otros afirman que en Roma o Tierra Santa. Sus trabajos intelectuales y literarios abarcan muchos campos del saber: filosofía, astronomía, medicina, poesía, lingüística y de manera especial la exégesis bíblica. Su método de exégesis, basado en la aproximación al sentido del texto partiendo de principios gramaticales, marcó un hito en la exégesis bíblica, por lo que sus comentarios al texto bíblico son especialmente conocidos y apreciados.

[55] Ver al respecto las insinuaciones burlonas de Elías a los profetas de Baal en 1ª Reyes 18:27.
[56] 2ª Timoteo 1:12,14.
[57] Efesios 5:25-27.

3. Como la niña de su ojo: con la mayor cautela y precaución.[58]

DANIEL FEATLEY [1582-1645]
"Clavis Mystica", 1636

He aquí, no se adormecerá ni dormirá el que guarda a Israel. Hace varios años, el capitán D. estaba al mando de un barco que navegaba desde Liverpool a Nueva York, y en este viaje llevaba a toda su familia a bordo. Una noche, cuando todo el mundo dormía, empezó a soplar inesperadamente un fuerte viento que alborotando el mar, hizo que el barco se inclinara de un modo alarmante, derribando y tirando al suelo todo cuanto había suelto. Todos los tripulantes se despertaron alarmados y, saltando de sus literas, empezaron a vestirse para estar preparados en caso de emergencia. El capitán D. tenía una hija de ocho años, que, naturalmente, se despertó con el resto y, al escuchar el alboroto, preguntó asustada: «¿Qué pasa?». Le informaron que una súbita y terrible tormenta estaba zarandeando el barco y amenazándolo de naufragio. «¿Está mi padre en el puente de mando?», preguntó. «Sí, por supuesto, tu padre está en la cubierta», le contestaron. Al escuchar esto, la pequeña volvió a poner la cabeza sobre la almohada sin ningún temor, y al poco estaba durmiendo de nuevo tranquilamente a pesar del viento y las olas.

> *«No temas al viento ni a la tempestad furiosa*
> *las cuadernas del barco no lograrán romper.*
> *¡Recuéstate y duerme, criatura inocente!*
> *Tu Padre está en el puente»*
> *"The Biblical Treasury"*[59], 1873

---

[58] Deuteronomio 32:10; Salmo 17:8; Zacarías 2:8.

[59] Se trata de *"The Biblical Treasury of Expositions and Illustrations for the Use of Sunday School Teachers and Bible Students"*,

Vers. 4, 5. El mismo que actúa de protector de la Iglesia en general está implicado en la protección individual de cada creyente; con la misma sabiduría, el mismo poder, las mismas promesas. *"El que guarda a Israel"* (121:4) *"es tu guardador"* (121:5). El Pastor del rebaño es también el Pastor de cada oveja en particular y se ocupará de que ninguna de ellas, ni tan siquiera la más débil o la más pequeña, perezca.

MATTHEW HENRY [1662-1714]
"Commentary on the Whole Bible", 1811

Vers. 5. *Jehová es tu guardador; Jehová es tu sombra a tu mano derecha. [Jehová es tu guardián; Jehová es tu sombra a tu mano derecha. RVR] [El Señor es quien te cuida, el Señor es tu sombra protectora. NVI] [El Señor es tu guardador; el Señor es tu sombra a tu mano derecha. LBLA]*

Jehová es tu guardador. A este guardián, al que ha estado refiriéndose en los dos versículos anteriores mediante pronombres: *"el que te cuida (...) el que cuida a Israel"*, aquí se le aplica un nombre conciso y concreto: *"Jehová es tu guardador"* ¡Qué mina[60] tan valiosa en significado tenemos aquí! ¡Es de oro puro! Y cuando va acuñada con

también conocido como *"The Biblical treasury: an illustrative companion to the Bible"*. Publicado en Londres por la *"Sunday School Union"* en diversos tomos. Cubre toda la Escritura: Antiguo y Nuevo Testamento.
[60] El término original inglés utilizado por Spurgeon es *"mint"*, que hemos traducido por "mina" porque nos ha parecido lo más apropiado dentro del contexto. La *mina* era una moneda mencionada

el nombre del Rey, basta para pagar todos nuestros gastos desde que nacemos aquí en la tierra hasta nuestro reposo eterno en el cielo. Aquí nos encontramos con una persona gloriosa: Jehová, que asume de gracia el oficio de guardián y lo cumple en persona. Y lo lleva a término con carácter personal: *"Jehová es tu guardador"*, en favor de una persona especialmente favorecida en concreto: "tú"; y con la firme seguridad revelada de que está vigente el día de hoy y hasta este mismo instante: *"Jehová es tu guardador"*[61]. ¿Somos capaces de hacer nuestra tal aseveración divina? Si lo somos, podemos seguir adelante en nuestro peregrinar hacia la Jerusalén celestial sin temor a nadie ni a nada; sí, podemos atravesar el valle de sombra de muerte sin temer mal alguno.[62]

El Señor es tu sombra a tu mano derecha. Una sombra protege del calor abrasador y de la luz deslumbrante. ¡Tanta bendición se hace difícil de comprender! La bondad divina, que es una dispensación de su diestra, transformándose en sombra para adaptarse a nuestras

---

en la Biblia (Lucas 19:13) equivalente a cien dracmas, el salario de unos tres meses.

[61] Dice JUAN CRISÓSTOMO [347-407]: «*"Tu guardador"* y *"tu sombra protectora a tu mano derecha"*. ¿Sabes por qué *"a tu mano derecha"*? Porque no es su intención que te quedes atrás, que te zafes de la batalla escondiéndote detrás suyo, sino que permanezcas a su lado luchando con todas tus fuerzas, que seas fructífero. Por eso se pone *"a tu mano derecha"*, para protegerte, pero no para anularte. Y así emplea la metáfora de los que están en primera línea de batalla, dice que permanecerá *"a tu mano derecha"*, de modo que seas inexpugnable, fuerte, victorioso, que puedas hacerte con el trofeo por el que peleas (1ª Corintios 9:24,25; Filipenses 3:12; 1ª Timoteo 6:12,19), pero firme en la batalla».

[62] Salmo 23:4.

debilidades; esto es lo que el Señor hace por nosotros.[63] Colocará un escudo delante nuestro y protegerá nuestro brazo derecho, con el que luchamos contra el enemigo. Esta parte de nuestro cuerpo, que carga con la mayor parte del trabajo, es la que será objeto de mayor protección. Y cuando un flamígero y candente sol de justicia derrame sus rayos abrasadores sobre nuestras cabezas, el Señor Jehová en persona se interpondrá para darnos sombra de la manera más honorable, actuando como escudero a nuestra diestra y proporcionándonos consuelo y seguridad. *"El Señor está a tu diestra, quebrantará a los reyes"*[64]. Qué diferente es esto de la porción de los impíos, que tienen a Satanás plantado a su mano derecha, y de aquellos de quienes dijo Moisés: *"su amparo se ha apartado de ellos"*[65]. Tenemos a Dios tan cerca de nosotros como nuestra propia sombra, y en consecuencia estamos tan seguros como los ángeles.

C. H. SPURGEON

Jehová es tu guardador. De esta extraordinaria afirmación sacamos dos consecuencias fundamentales:

---

[63] Dice al respecto JOSÉ Mª MARTÍNEZ [1924-2016] en "Salmos Escogidos": «La sombra es inseparable del cuerpo; así lo es Dios en relación con el creyente. Él no es solamente el Dios que desde la altura del cielo ve todas las cosas y todo lo controla; es también el Dios cercano que camina junto a sus hijos a lo largo de toda la peregrinación. Por eso, conocedor de este hecho bendito, cualesquiera que sean los adversarios, el creyente dice: *"porque Dios está a mi diestra, no seré conmovido"* (Salmo 16:8)».
[64] Salmo 11:5.
[65] Números 14:9.

1. Jehová, y Jehová únicamente. El Dios omnipotente, que existe por sí mismo, es el Guardador y Protector de su pueblo.

2. El pueblo de Dios es guardado y protegido por su inmenso poder, en todo momento y bajo cualquier circunstancia, hasta alcanzar la salvación eterna; y aun más allá, protegido *"para siempre"*[66]. Vemos, pues, que se establece en primer lugar la condición divina del Guardián, y a continuación, como consecuencia de ello, la seguridad eterna de su pueblo a través de su omnipotencia y fidelidad. Esta es la buena nueva del salmista, el evangelio que predica a otros, habiéndolo primero experimentado por sí mismo. No especula sobre aquellas cosas que no entiende, simplemente se agarra a una evidencia clara que le resulta patente, a la dulce percepción personal de estas dos doctrinas gloriosas que comparte con el pueblo (…) Y este Guardador, que el salmista menciona bajo el nombre de Jehová, en realidad es Jesucristo, ya que Jesús es precisamente esto, el Pastor de Israel.[67] Razón por la que ruega al Padre diciendo: *"A los que me diste, yo los guardé, y ninguno de ellos se perdió, sino el hijo de perdición, para que la Escritura se cumpliese"*[68] (…) De todo ello se desprende que, en primer lugar, el guardador de los fieles no es otro que Jehová. Esto es algo que el salmista deja claro, probado y demostrado. Es igual de evidente que Cristo es su Guardián y Protector, algo que afirman tanto el propio Cristo con respecto a sí mismo, como también sus apóstoles en repetidas ocasiones. De ello se desprende, por tanto, que Cristo es, en verdad y en esencia, el mismo Jehová. Todos los sofismas del mundo no pueden eludir

---

[66] Salmo 121:8.

[67] Ezequiel 34:11,12,23; Juan 10:11.

[68] Juan 17:12.

esta conclusión inevitable, ni todos los herejes del mundo destruir esta premisa incuestionable. Y, si Cristo es Jehová, entonces es sin cuestionamiento alguno ese mismo Ser supremo, eterno y omnipotente, que arrianos, socinianos y otros niegan que sea.

AMBROSE SERLE [1742-1812]
"Hora Sotitarice", 1815

Jehová es tu guardador.
1. Vigilante: *"No se adormecerá"* (121:4).
2. Universal: *"De todo mal"*, *"Tus salidas y tus entradas"* (121:7,8).
3. Perpetuo: *"Día... noche... para siempre"* (121:6,8).
4. Particular: *"Tu... Israel"* (121:4,5).

W. J.[69]

Guardián. Sombra. Los nombres de Dios son todos ellos promesas implícitas: cuando es llamado Sol, Escudo, Torre fuerte, Escondedero, Porción; lo mismo con los nombres de Cristo: Luz del mundo, Pan de vida, Camino de verdad y vida, y también con los nombres del Espíritu: Espíritu de Verdad, de Santidad, de Gloria, de Gracia, Suplicación, Sello, Testigo. La fe puede concluir y sacar tanto provecho de ellos como de las propias promesas. ¿Es el Señor un sol? Entonces, me iluminará y me influenciará favorablemente, etc. ¿Es Cristo la vida? Entonces, me vivificará, etc.

DAVID CLARKSON [1621-1686]

---

[69] En el original aparecen estas siglas como toda referencia, sin obra, publicación ni fecha.

Tu sombra a tu mano derecha. Esto es, siempre presente a tu lado; o, como traduce la versión árabe judía:[70] *"Más cercano que tu propia sombra, o que tu mano derecha".*[71]

THOMAS FENTON [1686-¿?]
"Annotations on the Book of Job and the Psalms", 1732

Tu sombra a tu mano derecha. En los países de Oriente Medio los rayos del sol son a menudo como flechas ardientes responsables de numerosas muertes prematuras por golpe de calor o insolación.[72] Cuando el salmista se refiere a Jehová como la sombra que protege a los justos, probablemente tenía esto en mente, pues el golpe de calor es un grave mal que debe ser evitado y del cual Dios protege a los suyos.

J. F.[73]
"The Baptist Magazine"[74], 1831

---

[70] Se refiere a la *Tasfir* del Rabino SAADÍAS BEN YOSEF AL-FAYUMI [892-942], más conocido como Saadia Gaon, exégeta y filósofo judío que hizo una traducción comentada de los textos bíblicos judíos.

[71] La derecha, además de ser identificada por los judíos como el lado más importante de la persona, se identifica también geográficamente con el Este, el lugar por donde sale el sol hasta el mediodía, cuando alcanza su cenit y sus rayos calientan con mayor fuerza.

[72] El "golpe de calor" o "insolación" es una elevación de la temperatura del cuerpo por encima de lo normal, por regla general debido a una exposición continuada y excesiva a los rayos del sol, que deriva en deshidratación y produce graves daños al cuerpo provocando que varios de los órganos vitales dejen de funcionar correctamente, de manera especial al cerebro, pudiendo llegar a causar la muerte.

[73] En el original aparecen estas siglas sin el nombre completo del autor.

[74] Se refiere a la revista mensual *"The Baptist Magazine",* órgano oficial de la corriente teológica de bautistas calvinistas conocida

Tu sombra. La palabra hebrea traducida por *"sombra"* que utiliza aquí el salmista es צִלְּךָ *ṣilləḵā* de צֵל *tsel,* *"una sombra",* por lo que se ha supuesto que la expresión צִלְּךָ עַל־יַד יְמִינֶךָ *ṣilləḵā 'al-yāḏ yəmînəḵā,* *"tu sombra a tu mano derecha",* es una expresión figurada que hace referencia a la protección otorgada por la sombra de un árbol contra los abrasadores rayos del sol; o también, más probablemente, a la costumbre que prevalece en los climas tropicales de protegerse de los rayos del sol mediante algún tipo de cobertura movible, como un parasol o sombrilla. Se trata de un término que en el texto bíblico se utiliza con frecuencia como sinónimo de protección o para la defensa en general. *"Su protección [lit. צֵל "sombra"] les ha sido quitada, y el Señor está con nosotros"*[75]; *"para refugiarse al amparo [lit. בְּצֵל "sombra"] de Faraón"*[76]; *"A la sombra de Hesbón se paran sin fuerzas los fugitivos"*.[77]

JAMES ANDERSON [1804-1863]
en una nota editorial en su traducción al inglés del
"Comentario a los Salmos" de JUAN CALVINO [1509-1564]

---

entre los bautistas de la época como *"Particular Baptists"*. Fue fundada en 1808 en la reunión de la *"Western Asociation"* y respaldada por la *"Baptist Union"* desde sus inicios en 1813. Contaba con el apoyo de nombres tan significativos entre los pastores bautistas como ANDREW FULLER [1754-1815] y JOHN RYLAND [1753-1823] (ambos fundadores de la *"Baptist Missionary Society"*) o JAMES HOWARD HINTON [1791-1893], secretario de la *"Baptist Union"*. A la misma contribuían con artículos prácticamente la totalidad de pastores bautistas de prestigio en el Reino Unido, y C. H. Spurgeon fue el último de sus editores generales durante el período 1861-1862.

[75] Números 14:9.

[76] Isaías 30:2.

[77] Jeremías 48:45.

Vers. 5-8. ¡Qué salvoconducto tan extraordinario! ¡Qué patente de protección tan maravillosa se nos concede aquí! Nada puede causarnos daño, *"ni durante el día ni por la noche"*, lo que equivale a decir "en ningún momento". Nada podrá lastimarnos: ni el sol, ni la luna, ni el calor, ni el frío; lo que equivale a decir, "libres de todo tipo de molestias". ¡Nada puede perjudicarnos! Porque *"El Señor guardará tu salida y tu entrada desde ahora y para siempre"*. Esto implica protección de la persona al completo, es decir, para ella y todo lo que tiene que ver con ella, incluidos su entorno y sus negocios, siempre que sean justos y rectos. Nada que el hombre posea está seguro si no cuenta con la debida protección; pero nada puede considerarse inseguro si está bajo la protección de Dios. Aquellos que pueden exclamar: *"Jehová es nuestro guardador"* cuentan con protección absoluta, nada podrá dañarles; pero aquellos que no tienen al Señor como su guardador, ni siquiera legiones de ángeles bastan para protegerles. Fuera de Él no hay nada que pueda garantizarnos protección, pero él ha prometido guardarnos *"para siempre"*.

JOSEPH CARYL [1602-1673]

Vers. 6. *El sol no te fatigará de día, ni la luna de noche.*
[El sol no te hará daño de día, ni la luna, de noche. RVR]
[De día el sol no te hará daño, ni la luna de noche. NVI]
[El sol no te herirá de día, ni la luna de noche. LBLA]

El sol no te herirá de día, ni la luna de noche.[78] Nadie, fuera del Señor, podría protegernos de estas fuerzas naturales tan tremendas. Estas dos grandes lumbreras rigen el

---

[78] En hebreo יוֹמָ֤ם הַשֶּׁ֣מֶשׁ לֹֽא־יַכֶּ֔כָּה וְיָרֵ֖חַ בַּלָּֽיְלָה *yōwmām haššemeš lō-yakkekkāh wəyārêaḥ ballāyəlāh* de נָכָה *nakah,* "golpear, herir".

día y la noche, y bajo el señorío de ambas trabajamos y descansamos con igual tranquilidad. Sin duda, la luz y la oscuridad implican serios peligros, pero en ambos y de ambos seremos protegidos: literalmente, del calor excesivo y de las heladas perjudiciales; místicamente, de los efectos perniciosos de doctrinas excesivamente deslumbrantes u opacas; espiritualmente, de los males de la prosperidad o la adversidad; eternamente, del aturdimiento de gloria abrumadora y la inquietud de acontecimientos terribles, como el juicio final y la destrucción de este mundo con los elementos ardiendo.[79] Día y noche, en todo el tiempo. Se trata de una protección constante, que nunca cesa. Todo mal existente opera o bien bajo el sol o bajo la luna, y si ninguno de estos puede herirnos, entonces estamos plenamente seguros. Dios no ha creado un nuevo sol o una nueva luna para que alumbren a sus elegidos, vivimos en este planeta bajo las mismas leyes naturales y circunstancias físicas que los demás seres humanos, pero lo que ha sido quitado de esos elementos temporales es el poder para herirnos.[80] Los santos son beneficiados, no perjudicados por

---

[79] 2ª Pedro 3:10.

[80] Dice al respecto FRANCISCO LACUEVA [1911-2005] en el "Comentario de Matthew Henry": «La mención de la luna se debe, dice Cohen, "a la antigua creencia de que la luna tenía el poder de trastornar el juicio", de donde procede el vocablo «lunático». Y JOSÉ Mª MARTÍNEZ [1924-2016] añade en "Salmos Escogidos": «Lo que el autor del salmo quiere hacer patente, independientemente de lo fundado o infundado del temor a la luna, es que también de los males más misteriosos puede Dios librar a sus fieles. Él los guarda de día y de noche, de los peligros más evidentes y de los más ocultos, de los visibles y de los invisibles. Esta alentadora perspectiva sería maravillosamente magnificada por el apóstol Pablo en su cántico triunfal de Romanos 8:31-39)». WILLIAM MACDONALD [1917-2007] en su "Comentario a toda la Biblia" sugiere que

esos poderes que rigen las condiciones terrenales, pues a ellos ha dado el Señor *"los más escogidos frutos del sol, con el rico producto de la luna"*[81], a la vez que ha apartado de ellos todo perjuicio y maldición a causa del calor o la humedad, de deslumbramiento o de frío.

C. H. Spurgeon

El sol no te herirá de día. El término hebreo יַכֶּכָּה *yakkekkāh* de נָכָה *nakah* significa ser herido o lastimado por el sol o a causa del sol, y lo encontramos en otros textos como en Isaías: *"No pasarán hambre ni sed, ni los herirá el calor abrasador ni el sol"*[82]; con referencia a las plantas: *"Mi corazón ha sido herido como la hierba y se ha secado"*[83]; la cabeza: *"y el sol hirió la cabeza de Jonás y él desfallecía"*[84]; y también en relación a los efectos de la insolación relatada en 2ª Reyes.[85] En este último caso la transferencia de sentido de una palabra a la otra no es zeugmática,[86] pues también los rayos de la luna puede

---

podría tratarse de una figura poética para describir la amplitud del ámbito de protección: «Debe recordarse que es poesía, y puede ser una forma figurada de hablar que da a los dos extremos y significa que todo queda entre ellos. Esta figura literaria se llama: *"merismo"* (en inglés: *merism,* sin traducción en el diccionario de la Real Academia). Otro ejemplo es: *"tu salida y tu entrada"* (v. 8), es decir, "toda tu vida"».

[81] Deuteronomio 33:14, RVR1960.
[82] Isaías 49:10.
[83] Salmo 102:4.
[84] Jonás 4:8.
[85] 2ª Reyes 4:19.
[86] Se refiere a una figura retórica de omisión en el lenguaje conocida como *"zeugma"*, y que consiste en el uso de una sola palabra común para expresar distintos conceptos análogos en la oración, el

llegar a ser insoportables y afectar a los ojos de manera dañina. Y de todas esas influencias perjudiciales de la naturaleza se declara el salmista a salvo como resultado de la protección divina,[87] una protección que posteriormente extiende en todas las direcciones posibles en los versículos siete y ocho. «Jehová -se dice a sí mismo el poetate guardará (te protegerá) de todos los males que puedan causarte daño, cualquiera que sea su origen y naturaleza. Él guardará tu alma, y en consecuencia tu vida, interior y exteriormente, guardará tu salida y tu entrada, es decir, todos los negocios y relaciones de tu vida (…) en todas partes y en todo momento, y desde ahora en adelante, y para siempre».

FRANZ DELITZSCH [1813-1890]
"Biblical commentary on the Psalms", 1859

El sol no te herirá de día. Una promesa hecha en clara alusión al cuidado que Dios tuvo con su pueblo cuando lo sacó de Egipto y lo condujo a través del desierto. Evitando, mediante una nube que les daba sombra durante el día, que el calor del sol pudiera dañarles; y protegiéndoles del frío y la humedad de la noche y de los rayos de la luna mediante una columna de fuego.[88] Y que el salmista extiende y se aplica a sí mismo y a todos aquellos a quienes Dios guarda y protege porque son suyos.

DAVID DICKSON [1583-1663]
"Explanation of the First Fifty Psalms", 1653

---

mismo verbo para referirse a varios sujetos, un solo adjetivo para calificar diversos sustantivos, etc. Se menciona a uno y los demás hay que entenderlos como incluidos. El salmista no hace uso de esta figura puesto que menciona el sol y la luna individualmente.
[87] Génesis 31:40.
[88] Éxodo 13:21-11.

Ni la luna, de noche.

> «*Tú has hecho que la luna, que rige las mareas,*
> *pálida de furia bañe el aire*
> *causando multitud de fiebres y catarros.*»

WILLIAM SHAKESPEARE [1564-1616]
"The Midsummer Night's Dream", 1596[89]

Ni la luna, de noche. Joseph Hart,[90] en uno de sus himnos, habla acerca de los que *"viajan mucho de noche"*. Para ellos esta promesa es ciertamente preciosa.

"The Biblical Treasury", 1873[91]

Sol, luna, día, noche. En este versículo encontramos el auténtico horóscopo del cristiano. Un horóscopo del que desaparecen todas las creencias supersticiosas y se ofrece protección divina real y garantizada.

ANÓNIMO

Ni la luna, de noche. En los países de Oriente los efectos de los rayos lunares en los ojos son particularmente perjudiciales (…) Impactan en la vista y pueden resultar

---

[89] *"El sueño de una noche de verano"*. Acto II, Escena I. Palabras de Titania a Oberón.

[90] Se refiere a JOSEPH HART [1712-1768], pastor presbiteriano en Londres y conocido autor de himnos, que publicó un conocido himnario titulado *"Hart's Hymns"*. En el mismo hay un himno basado en el texto de Juan 21:18, que habla acerca de la manera en que Dios trata con sus hijos y que comienza: *"How hard and rugged is the way to some poor pilgrims' feet"*. En la quinta estrofa dice: *"Their pardon some receive at first, / And then, compelled to fight, / They feel their latter stages worst, / And travel much by night."*

[91] Se trata de *"The Biblical treasury: an illustrative companion to the Bible"*. Ver nota 59 en este mismo Salmo 121.

más dañinos que los mismos rayos del sol, especialmente cuando uno duerme de noche a la intemperie, expuesto a los mismos; una realidad que tuve ocasión de comprobar personalmente y con consecuencias muy desagradables, que a partir de ese día me llevaron a tener mucho más cuidado con la luz de la Luna. La visión de la persona que se ve obligada a dormir reiteradamente con la cara expuesta a la luz la Luna se deteriora sensiblemente, y puede acabar incluso perdiéndola por completo.

JOHN CARNE [1789-1844]
"Letters from the East", 1826

Ni la luna, de noche. En los cielos despejados de Oriente Medio, la luna brilla de noche con una fuerza extraordinaria, y sus efectos sobre el cuerpo humano pueden ser perjudiciales. En consecuencia, los habitantes de estos países toman medidas de precaución para no exponerse en exceso a la influencia nociva de sus rayos. Como la mayoría duermen a la intemperie, tienen mucho cuidado en cubrirse bien la cabeza y la cara. Se ha demostrado que la luz de la luna daña tanto como la del sol, y puede causar ceguera durante un tiempo, e incluso deformar los rasgos faciales. Los marineros son muy conscientes de ello. Un oficial de marina cuenta que cuando navegaban entre los trópicos, observó en más de una ocasión a los capitanes de navío despertar a los marineros jóvenes que se habían quedado plácidamente dormidos bajo la luz de la luna. De hecho, afirma que presenció en más de una ocasión los efectos nocivos de la luz de la luna, equivalentes a una «insolación», en los que la boca del afectado se torcía hacia un lado y su vista quedaba dañada durante un tiempo. En su opinión, una larga exposición a la luz de la luna podía llegar incluso a afectar a la mente de forma grave. Y hay indicios de que los pacientes que sufren de fiebres y otras dolencias similares se ven muy afectados por los influjos de este cuerpo celeste. Los nativos de la India afirman sin cuestionarlo que sus dolencias mejoran o empeoran según las fases de la Luna.

C. W. LEONARD
"Leonard's chronological and geographical family guide to the Holy Bible", 1863
citado en *"Biblical Treasury"*

Vers. 7. *Jehová te guardará de todo mal; él guardará tu alma.* *[Jehová te guardará de todo mal; él guardará tu alma. RVR] [El Señor te protegerá; de todo mal protegerá tu vida. NVI] [El Señor te protegerá de todo mal; Él guardará tu alma. LBLA]*

Jehová te preservará de todo mal [KJV].[92] Es una verdadera pena que nuestra admirable traducción[93] no mantuviera la misma traducción para el verbo hebreo שָׁמַר *shamar* "guardar" a lo largo de todo el salmo y tradujera aquí *"preservar",* puesto que todo el salmo sigue un mismo concepto girando alrededor de esta misma idea. Dios no sólo guarda a los que son suyos en los momentos malos, sino que los guarda de todas las influencias malignas, es decir, de los males en sí mismos. El verbo que utiliza aquí el salmista יִשְׁמָרְךָ *yišmārəkā* de שָׁמַר *shamar* es de enorme

---

[92] En hebreo יְהוָה יִשְׁמָרְךָ מִכָּל־רָע *Yahweh yišmārəkā mikkāl ra'*. KRAUS resalta que este רָע *ra'*, significa el daño en el sentido más amplio de la palabra. Yahvé *"vela"* y *"guarda"* sobre todas las cosas sin excepción.

alcance en su significado y aplicación: lo incluye todo y no excluye nada. Las alas de Jehová guardan a los que son suyos, extensamente de todos los males, grandes y pequeños, temporales y eternos. Hay en este versículo un doble sentido de personalismo que es ciertamente encantador: Jehová guarda al creyente, no a través de terceros, sino por sí mismo; y el objeto de cobertura de esta protección tan personal se indica por medio del pronombre reflexivo *"te"*, –no nuestras posesiones o nuestro nombre, lo que Jehová guarda, lo que queda bajo su protección directa, somos nosotros mismos como personas. Y para sumar intensidad, añade la frase siguiente: *"Él guardará tu alma"*. Guardar el alma es la esencia del guardar; guardando el alma se guarda todo lo demás. La protección de lo más importante implica la protección de lo menos importante; protegiendo el núcleo, la semilla, implícitamente queda protegida la concha o la cáscara.[94] Dios es el único que

---

[93] Se refiere a la versión inglesa conocida como King James Version, que traduce este versículo como *"The Lord shall preserve thee from all evil"*, "el Señor te preservará de todo mal". El hebreo utiliza el mismo verbo שָׁמַר *shamar*, "guardar", a lo largo de todo el salmo.

[94] Dice al respecto JOSÉ Mª MARTÍNEZ [1924-2016] en "Salmos Escogidos": «Algunas versiones (la RV entre otras) traducen נַפְשֶׁךָ *napšeḵā* de נֶפֶשׁ *nephesh* por *"alma"*, pero el término hebreo tiene un campo semántico mucho más extenso; básicamente denota el principio vital de toda existencia animal. En un sentido amplio *nefesh* en sinónimo de vida (cf. Mateo 16:26, donde *psyje* –lo mas íntimo del ser– equivale a *nefesh*). Dios guarda la vida de sus santos. La guarda de la muerte en tanto no llega la hora por él señalada para su fin. Y la guarda de todo cuanto pudiera mermar o desdorar lo esencial de la misma: la conciencia, la capacidad de comunicación y de acción, la esperanza, el amor, el gozo. Cuando una persona carece de estos elementos, aun viviendo está muerta.

puede guardar el alma. Y la guarda del dominio del peca-
do, de la infección del error, del hundimiento de la deses-
peranza, de la hinchazón del orgullo; la guarda del mundo,
de la carne, y del diablo. Y la guarda preservándola para
cosas más importantes y más santas; la guarda en el amor
de Dios; la guarda para el reino eternal y glorioso. ¿Qué
puede causar daño a un alma que es guardada de ese modo
por el Señor?

C. H. Spurgeon

El Señor te protegerá de todo mal. Cuando los abo-
gados redactan documentos importantes, suelen finali-
zar con alguna cláusula de carácter general, destinada a
protegerse de posibles eventualidades no previstas en el
texto del documento. En ella establecen que todo aquello
relacionado y que no figure explícitamente incluido en el
texto podría haber quedado intencionadamente excluido.
Lo hacen para protegerse de posibles inferencias, no se
dan por satisfechos con haber incluido casos y supuestos
particulares en el redactado; terminan el documento con
una cláusula que lo incluya todo, esté implícito o no. El
salmista introduce aquí una fórmula similar. Es muy importante que los pies de los viajeros no resbalen al prose-
guir su camino, y que estén protegidos del calor durante
el día y de las heladas nocturnas. Pero muchos otros peligros les acechan, para los que necesitan protección, y para
que no queden desprotegidos nunca el salmista introduce
esta cláusula de carácter general. No importa cuál sea su

Pero Dios preserva estos valores que dignifican la vida y hacen
que esta valga la pena ser vivida. La protección divina asegura la
permanencia del creyente por encima de la línea debajo de la cual
la vida deja de ser vida».

naturaleza, no importa su procedencia, no importa dónde y cuándo puedan surgir, y no importa cuánto tiempo puedan durar; la cláusula los incluye todos. La gracia divina cambia la naturaleza de todo aquello que maneja, transformando en oro todo lo que toca. Con ella las aflicciones se anulan para siempre y las virtudes de la vida cristiana se potencian y adquieren un brillo inusual.

NEIL MCMICHAEL [1807-1874]
"The Pilgrim Psalms: an exposition of the Songs of Degrees, Psalms 120-134", 1860

El Señor te protegerá de todo mal. Se trata de una promesa con carácter absoluto, sin condiciones anexas. Basta con creerla y confiar en ella, en la certeza de que el Señor llevará a cabo todo lo que ha prometido; ya que esto es lo que más honra le da. Visto de este modo, ¿a qué hemos de temer? La boca de Jehová ha hablado,[95] su palabra es inmutable. Jesús protege el cuerpo y el alma del creyente, pues es Salvador del cuerpo, lo mismo que del alma.[96]

SAMUEL EYLES PIERCE [1746-1829]
"Letters on Spiritual Subjects", 1862

---

[95] Isaías 58:14.
[96] Dice al respecto JOSÉ Mª MARTÍNEZ [1924-2016] en "Salmos Escogidos": «Y si de algo no libra a los suyos es porque lo que a primera vista puede parecer un mal, en el fondo contiene el principio de un bien. Así se ha puesto de manifiesto infinidad de veces en el desarrollo de la providencia divina. Dios no libró a José de ser vendido por sus hermanos a unos mercaderes que le llevaron a Egipto; como tampoco le libró de la calumnia y de la cárcel; pero todo evolucionó de tal modo que pudo decir a sus perplejos hermanos: *"para preservación de vida me envió delante de vosotros (…) para daros vida por medio de gran liberación"* (Génesis 45:5,7). Un mal horrendo vino a ser causa de un bien indescriptible».

Vers. 7, 8. Esa triple promesa *"tu guardador (…) guardará tu alma (…) tu salida y tu entrada"* enmarca la amplitud y plenitud de la protección que el Señor tiene a bien concedernos, extendiéndola a todo lo que es el hombre en sí y todo lo que lleva a cabo.[97]

JOHN JAMES STEWART PEROWNE [1823-1904]
"Commentary on the Book of Psalms", 1864

Vers. 7, 8. Es de suma importancia aclarar la razón por la cual el profeta repite tantas veces y en tan corto espacio algo que podía haber expresado con claridad suficiente en una sola palabra. A primera vista, tal repetición parece más bien superflua. Pero si tenemos en cuenta lo difícil que nos resulta superar la desconfianza, se nos hace más fácil entender su reiteración en garantizar y elogiar la labor de la divina providencia a la hora de guardarnos y protegernos. ¡Pues no son muchos, desgraciadamente, los que para garantizar su seguridad conceden a Dios el honor de actuar como su *"Guardián"*, y que recurran a él cuando se sienten en peligro! Todo lo contrario, aun cuando hemos tenido ocasión reiterada de comprobar y experimentar de forma personal y fehaciente la realidad de esta protección divina y lo que ella implica en nuestras vidas, dudamos, y

---

[97] Dice al respecto WILLIAM MACDONALD [1917-2007] en su "Comentario a toda la Biblia": «Las palabras "guardar" y "guardador" aparecen seis veces en estos ocho versículos. Algunas versiones ponen "preservar" en los vv. 7 y 8, pero todo viene de la misma palabra hebrea שָׁמַר *shamar.* Es una repetición que declara que nadie está tan seguro como la persona que ha recibido al Señor como su única esperanza: *"El alma que en Jesús reposa, nunca a sus enemigos entregada será. / Esa alma, aun con el infierno en su contra, él nunca, no nunca, la desamparará".* RICHARD KEEN, c.1787».

nos echamos a temblar al menor ruido de una hoja que cae de un árbol, como si Dios se hubiera olvidado de nosotros. Siendo pues, como somos, tan propensos a la desconfianza y tan dados a recelos poco piadosos, este pasaje nos enseña que, cuando una frase corta de la Escritura no nos satisface plenamente o no la juzgamos suficiente, nuestro deber es esforzarnos en analizar todo lo que hallemos al respecto a lo largo de todas las Sagradas Escrituras. En este caso, todo lo referente a la providencia divina, hasta que esta doctrina que nos transmite aquí el salmista: «Que Dios *es nuestro Guardián y está continuamente guardándonos»,* quede tan profundamente arraigada en nuestros corazones, que dependientes únicamente de la vigilancia y cuidado divino, y nada más, seamos capaces de decir definitivamente adiós a todas nuestras vanas seguridades y confianzas en las cosas de este mundo.

JUAN CALVINO [1509-1564]

Vers. 8. ***Jehová guardará tu salida y tu entrada desde ahora y para siempre.*** *[Jehová guardará tu salida y tu entrada desde ahora y para siempre. RVR] [El Señor te cuidará en el hogar y en el camino, desde ahora y para siempre. NVI] [El* SEÑOR *guardará tu salida y tu entrada desde ahora y para siempre. LBLA]*

Jehová guardará tu salida y tu entrada desde ahora y para siempre. Cuando salgamos por la mañana al trabajo y regresemos a casa al atardecer a descansar, Jehová nos guardará.[98] Cuando dejemos atrás los años de juventud para entrar en la madurez, y nos vayamos acercando al final de nuestra existencia terrenal, seguirá guardándonos. Nuestras salidas y entradas se hallan bajo una protección especial. Tres veces encontramos esta misma frase: *"Jehová guardará"*, cual si la santa Trinidad quisiera sellar con ello su promesa para hacerla triplemente segura. Ante semejante terna de dardos celestiales ¿no caerán todos nuestros temores heridos de muerte? ¿Qué clase de ansiedad es capaz de sobrevivir a esta triple promesa? La protección es eterna, desde ahora y para siempre, incluso en el más allá. Con ello, la Iglesia tiene su seguridad eterna garantizada, la perseverancia final de los santos está asegurada y la inmortalidad gloriosa de los creyentes confirmada. Bajo el amparo de semejante promesa podemos peregrinar sin miedos, aventurarnos a la batalla sin ningún temor. Nadie hay más seguro que aquel a quien Dios guarda; como, a su vez, nadie en mayor peligro que aquel que está seguro de sí mismo y lejos de Dios. Las salidas y entradas presentan peligros peculiares, pues brindan al enemigo la posibilidad de un ataque, y por ello se nos brinda un nivel especial de protección: Jehová guardará la puerta

---

[98] Dice al respecto JUAN CRISÓSTOMO [347-407]: «Con *"guardará tu salida y tu entrada"* quiere decir todas las cosas de la vida, pues la vida del hombre no consiste en otra cosa que en esto, un constante de *"salidas"* y *"entradas"*. Y no por un día, por dos, tres, diez o cien, sino *"desde ahora y para siempre"*, cosa imposible de conseguir entre los hombres, que son volubles y cambian constantemente según los sucesos y acontecimientos de la vida. Quien hoy se declara tu amigo entrañable, mañana te abandona; quien hoy presume de que te defendería con su vida, mañana se convierte en tu más acérrimo enemigo. Pero el auxilio que Dios te garantiza es inalterable y perpetuo, desde ahora y para siempre, no experimenta cambios ni tiene fin».

cuando se abra y cuando se cierre, y seguirá haciéndolo
con total perseverancia mientras haya un solo hombre que
confíe en él y el peligro subsista; es decir, en tanto el mundo siga siendo mundo y el tiempo exista. Gloria sea dada
al Guardián de Israel, título de aquel que amamos, puesto que nuestra creciente sensación de debilidad hace que
sintamos más profundamente la necesidad de protección.
Queremos, pues, terminar con una bendición especial im-
partida a nuestros lectores y plasmada en la siguiente estrofa poética de Keble:[99]

> *«Que Dios te guarde de daños y pecados.*
> *Que el Espíritu te proteja y el Señor vigile sobre ti*
> *en tus salidas y en tus entradas,*
> *desde ahora y para siempre».*

C. H. Spurgeon

Jehová guardará. La palabra hebrea יִשְׁמָר *yišmōr* de
שָׁמַר *shamar* que utiliza aquí el salmista, implica el sentido más tierno de protección; de su raíz deriva la palabra
שְׁמֻרוֹת *shemurah* que significa "párpados", los guardianes
protectores de los ojos; no en vano en el versículo cuatro
llama al Señor: וּמֵר יִשְׂרָאֵל *wmêr yiśrā'êl, "el guardián de
Israel"*. Si los párpados se abren, es para permitir que el
ojo vea, para que sea útil; si se cierran, es por temor a que
sufra daños, para protegerlo; todos sus movimientos van
siempre encaminados al bien del ojo. ¡Cuánto consuelo
tenemos en esto! El Señor llama a su Iglesia «la niña de
su ojo» *"el que os toca, toca la niña de mi ojo"*[100]. Sí,

---

[99] Se refiere al teólogo, predicador y poeta inglés John Keble
[1782-1866], uno de los fundadores del llamado "Movimiento
de Oxford".
[100] Zacarías 2:8.

la Iglesia es la niña de los ojos de Dios y el Señor sus párpados protectores. ¡Oh, qué bien protegidos están, por tanto, aquellos a quienes guarda *"el guardián de Israel"*! El Señor fue escudo para Abraham[101] y ninguno de sus enemigos pudo causarle daño, porque su escudo le daba completa cobertura. El Señor fue valla protectora alrededor de Job[102] y el propio Satanás tuvo que confesar que no tenía forma alguna de atravesarla, aunque había intentado dañarle.

Pero siendo que el salmista ya había hecho antes esta promesa de protección (desde el versículo tres hasta el final del salmo el término *guardar* o *proteger* se repite nada menos que seis veces), ¿por qué la repite ahora una vez más? No la repite en vano. En primer lugar, esta duplicación y reduplicación es un remedio para nuestra ignorancia. Los seres humanos, cuando disfrutan de una buena posición, son propensos a *"ofrecer sacrificios a sus redes"*[103] o *"a besar con su boca su propia mano"*[104], como si su propia mano fuera la que les ha ayudado a triunfar: y en consecuencia a atribuir su *"liberación"* a su *"becerro de oro"* particular, y venerarle al grito de: *"El Señor", "El Señor"*. No, no te equivoques. ¿Te van las cosas bien? Es el Señor quien lo ha hecho posible. ¿Has sido protegido de graves peligros? Mira al Señor, tu ayuda viene de lo alto, y devuelve hacia lo alto tu alabanza.

En segundo lugar, la repetición es un remedio para nuestra falta de confianza en nosotros mismos. Las palabras que el Señor pronuncia son ciertas, veraces y seguras por sí mismas, tanto como si las jurara; y tan ciertas

---

[101] Génesis 15:1.
[102] Job 1:10.
[103] Habacuc 1:16.
[104] Oseas 13:2 – Traducción libre del autor.

si las dice una sola vez, como cuando las repite con más frecuencia. ¿Por qué, entonces, las jura y las repite? La razón del juramento nos la aclara el apóstol cuando nos dice que *"queriendo Dios mostrar más abundantemente a los herederos de la promesa la inmutabilidad de su consejo, interpuso juramento"*[105]. La de las repeticiones se nos explica cuando José habló al Faraón de su visión y le dijo que *"el suceder el sueño a Faraón dos veces, significa que la cosa es firme de parte de Dios, y que Dios se apresura a hacerla"*[106]. Cada palabra del Señor, cuando se repite, es porque lo que se repite ha sido establecido y Dios se apresura a realizarlo.

WILLIAM COUPER [1668-1619]
Obispo de Galloway
sermón titulado *"His Majesties Coming in"*, 1623

Jehová guardará tu salida y tu entrada. Todas las acciones posibles de un ser humano quedan comprendidas bajo uno de estos dos conceptos: bien sea como *"salir"* en un sentido más público, de relación con los demás; o *"entrar"*, que induce a pensar en los temas y asuntos privados; como también, *"salir"* sinónimo de empezar o comenzar algo, y *"entrar"*, como idea de término o final de la obra comenzada. Aunque, en un sentido más directo y particular, es probable que esta expresión signifique que Dios protegería a David hasta el final de sus días, dondequiera que fuera con sus ejércitos para combatir a sus enemigos, trayéndolos de vuelta a casa.

THOMAS FENTON [1686-¿?]
"Annotations on the Book of Job and the Psalms", 1732

---

[105] Hebreos 6:17.
[106] Génesis 41:32.

Desde ahora y para siempre. No me ha conducido Dios con semejante ternura hasta este punto para olvidarme ahora ante la mismísima puerta del cielo.[107]

ADONIRAM JUDSON [1788-1850]
citado por FRANCIS WAYLAND [1796-1865]
en *"A Memoir of the Life and Labors of the Rev.
Adoniram Judson"*, 1853

---

[107] Dice JOSÉ Mª MARTÍNEZ [1924-2016] en "Salmos Escogidos": «Esta bendición –con todo lo que ella implica– es perpetua (…) Es otra forma de decir *"El bien y la misericordia me seguirán todos los días de mi vida"* (Salmo 23:6)» Y concluye su comentario al Salmo 121 con esta frase magistral de ARTUR WEISER [1893-1978]: «De la grandeza de la visión de Dios presentada en este salmo, en la que se abarca la creación, la historia y la eternidad, ha surgido esa fuerza inquebrantable que brota de la confianza en Dios, la cual ha hecho que este cántico haya venido a ser fuente de consuelo que aún hoy no cesa de manar».

COLECCIÓN LOS SALMOS

Salmo 91

La Protección. El abrigo del altísimo

Salmo 100 y 117

La Gratitud. Con una sola voz toda la
Tierra y el Salmo más corto

Salmo 121

El Guardián. El guardián de Israel